像恋爱一样去工作

[曾文·著]

中国财富出版社

图书在版编目（CIP）数据

像恋爱一样去工作 / 曾文著．—北京：中国财富出版社，2014.11
（企业成长力书架）
ISBN 978-7-5047-5432-5

Ⅰ.①像… Ⅱ.①曾… Ⅲ.①企业管理—人事管理—管理心理学 Ⅳ.①F272.92

中国版本图书馆 CIP 数据核字（2014）第 244564 号

策划编辑 刘淑娟 **责任印制** 方朋远
责任编辑 刘淑娟 **责任校对** 杨小静

出版发行 中国财富出版社
社　　址 北京市丰台区南四环西路 188 号 5 区 20 楼 **邮政编码** 100070
电　　话 010－52227568（发行部） 010－52227588 转 307（总编室）
010－68589540（读者服务部） 010－52227588 转 305（质检部）
网　　址 http：//www.cfpress.com.cn
经　　销 新华书店
印　　刷 北京京都六环印刷厂
书　　号 ISBN 978-7-5047-5432-5/F·2259
开　　本 710mm×1000mm 1/16 **版　　次** 2014 年11月第 1 版
印　　张 14.5 **印　　次** 2014 年11月第 1 次印刷
字　　数 200千字 **定　　价** 35.00元

QIYE CHENGZHANGLI SHUJIA

企业成长力书架

编委会

序 言

幸福的“成财”之道——“恋爱工作法”

在每个人（尤其是年轻人）的人生词典中，“恋爱”和“工作”都是两个十分重要的词语。恋爱，决定了人们未来家庭生活的幸福程度；工作，决定了人们未来事业成功的高度。如果你也有这样的共识，那么，你很有可能发现下面的事实差异：

为什么你每天想到上班就头疼、心慌，而想到即将见到可爱的恋人就心花怒放？

为什么你每天坐在办公室里就感觉时间漫长，而和恋人看电影的时光就过得那样快？

为什么你和客户在一起时就感到压力山大，而和恋人在一起时就感到轻松欢乐？

你是不是总感到工作让你充满了厌倦情绪，而工作效率在不断降低？

……

如果你发现这些事情都和你的感受有着相同的特点，那么，你很可能已经出现了职业倦怠症的“症状”。

职业倦怠症，是一种因为工作热情减退而带来的身心健康问题。根据国际职业学家给出的定义，职业倦怠者通常会表现为情绪衰竭、工作动力下降和工作成就感减退。其中，情绪衰竭，代表着缺乏工作活力和热情，总是感觉工作中的自己相当疲劳；工作动力下降，是指工作者刻意淡化自己的工作愿望，刻意和工作对象之间保持距离，对工作环境冷漠而忽视；工作成就感减退，则指职场员工更为消极地评价自己的工作，认为工作无法发挥自身工作才能，是枯燥乏味的烦琐小事。

的确，上述职业倦怠现象，并不仅限于工作能力较差、工作经验较少的员工。相反，很多工作能力较强、工作业绩好的员工同样会有这样的情形。其中，从新员工入职，到成长为有一定资历的老员工，在这条原本就不平凡的工作道路中，出现职业倦怠现象的比例在职场人群中不断增加。这就不能仅仅用简单的个体现象予以解释了。

解决职业倦怠问题，不仅是解决你的工作问题。这是因为，对于职场上绝大多数人来说，工作本身也是生活的重要部分。工作提供的不仅仅是物质回报，也包括了社会认可，并在工作中实现个人的理想。因此，尽管职业倦怠可能会让我们眉头紧锁。但倦怠感与日俱增的同时，我们更应该学会主动出击，找到在职场上幸福的生财之道、成功之道。这就意味着，职场人必须要及时调整好工作心态，重新获取工作热情，用更加积极的心态去面对自己的工作。

如何做到这一点？

一言以蔽之：像恋爱一样去工作！

没错，从现在开始，和你的工作谈场恋爱吧！

本书即是从“和工作谈恋爱”的思路出发，从总结职业倦怠族群为何“恋爱”（工作）着却没有用心去“爱”，一一列举职业倦怠的九大伤害，并帮助职场人找到走出倦怠的方法。最终，挽回和工作已经走向破裂的“恋爱关系”，寻求重塑良好互动的可能性。

为了帮助职场达人更好地建立这种“和工作谈恋爱”的工作思维，作者给出了明确的职场工作意义、全身心投入工作、树立高目标、坚持带来力量、让自己更优秀、不断进行创新等相关方法。全书内容深入浅出，行文严谨而不失幽默，用翔实的案例、准确的逻辑和清晰的语言，为职场人摆脱工作倦怠、打造良好工作氛围，设计和规划出一条行得通的道路。

最后，愿本书成为与职场人的“恋爱”历程结伴前行的有力工具，帮助那些在职业倦怠中痛苦辗转的人们尽快恢复元气，重燃激情。相信各位最终会和工作谈一场甜蜜美好的恋爱，并借此打开自己事业的“金色大门”！

作 者

2014 年 8 月

目录

上篇

职业倦怠面面观

第一章

有多少人维持着恋爱关系却没有用心去爱

——透视职业倦怠族群的典型症状

工作只为混口饭

韩剧《来自星星的你》在中国网络平台的热播，让越来越多的年轻人沉迷于其中浪漫的爱情故事。他们不仅喜欢其中投缘的俊男靓女、小资的生活方式，同样也喜爱剧情中投入专一地爱和被爱。然而，当我们离开电视剧的世界，回到现实生活中，许多人又遗憾地看到，自己不仅没有获得如此的爱情，甚至没有机会付出这样的爱情。于是，很多人把原因归结为社会太现实、世界太虚伪、人和人之间太冷漠等。但他们唯独没有想到问自己这样的问题：你真的爱自己吗？

不得不承认，随着社会的变化、生活节奏的加快，越来越多的现代人发现，自己的生活更多的处在一种被动的状态下：被动地学习、被动地工作、被动地赚钱、被动地生活……如果你处于这样的自我状态中，怎么可能获得美好的爱情？换句话说，在这个多元化的社会中，如果你不能找到自己的价值和出路，也就无法以主人翁的姿态去生活和工作，缺乏奋斗的目标，也就得不到完美的生活。

和恋爱一样，工作，同样是我们完美生活的一部分。然而，相比起那些倾心于期待美好爱情的人们来说，真正期待并追求美好工作的人，相对来说却并没有那么多。

许多职场人认为，工作就是为了生存。他们看到的更多的是自己在工作前后的变化：一旦离开学校之后，就依靠自己在职场上全力打拼。父母不会为自己的兴趣爱好进行“赞助”，而爷爷奶奶偷偷塞来的零用钱也越来越少，反之，倒是亲戚朋友聚会时询问你工作收入的话题越来越多。因此，想要生活得更好，职场人必须要努力工作，以期拥有一份不错的工作，赚到更多的钱，从而维持必要的生活水准，而想要获得更好的社会关系、家人关系和爱情，你也需要努力通过工作让自己手中的财富积攒得更多。

然而，并不是每个人都有机会和实力扩充自己的财富，在最初的努力失败后，他们会开始想方设法满足于现在的工作和生活关系。他们渐渐发现，既然努力工作也挣不到多少钱，那么就将工作看成混口饭的差事就可以了，只要能够养活自己，偶尔还能出去逛逛街、给家人买点礼品、和朋友们吃顿饭，就足够了。换句话说，人生不也就是这样吗，工作也只不过是为了混口饭，又何必将自己搞得太累?

当然，也有人不同意这样的工作观、生活观，他们认为，工作并不仅仅是为了混口饭，人生应该有更大的追求。这样的人在前者眼中经常活得“太累”，但他们其中的很多人，都会在“太累”之后活得“更好”。

其实，每个人的世界观都不可能完全相同。如果一个人愿意选择将工作看成混饭的工具，那也是他个人的选择问题，并不能说这就是多大的缺点或者问题。但是，职场人应该记住的是，人类的社会属性决定了人有什么样的工作态度，就会有什么样的工作成绩，进而决定你会有怎样的生活、爱情和家庭。你应该具有这样鲜明的结论——如果你将工作看成混饭的工具，那么，你就要做好准备获得普通、平庸并有可能让你在未来不满的生活；而如果你希望获得让他人羡慕的人生轨迹，就不能仅仅将工作看成混口饭吃这么简单了。

著名的管理学大师德鲁克曾经说过这样的寓言：

相传，山脚下有个小镇。小镇居民们集中资金，准备在镇子中心建造一个教堂，并请来了三个石匠来干活。当他们开工之后，一天，有个旅行者路过，好奇地问他们准备干什么。

第一个石匠平淡地说："我在混口饭吃。"

第二个石匠机械地敲打石块，说道："我要做好我的石匠手艺。"

第三个石匠眼中泛着光芒，看看手中的工具，然后又深情地看着小镇说道："我要为他们建造世界上最好的教堂。"

这个故事在德鲁克的叙述中没有结尾，但今天的职场人完全能够为他们设想各自不同的生活：

十年后，第一个石匠的手艺还是很平庸，只能做着最简单的石工活，他的生活也平淡无奇、相当乏味。

第二个石匠的手艺有些成熟和进步，但是他却没有从工作中得到快乐，也没有获得自己憧憬的富裕生活。

第三个石匠已经成长为了著名的建筑师，他早已经不用自己亲自干活，而是作为建筑的顾问进行构想设计。这份工作带来的丰厚回报，让他获得了幸福、富裕的生活和美满甜蜜的家庭。

其实，我们不需要怀疑在现实世界中有这样的差别。这是因为，和人与人之间的相处一样，你如何看待工作，它也就如何看待你。如果你将工作的价值看得很低，只能看到它在眼下带给你的利益回报，对于未来的工作没有明确目标，那么，工作在未来给你的回报也就很少。在三个石匠中，第一个对工作毫无热情，只为混饭；第二个对工作缺乏热情，只是就事论事。因此，他们俩没有得到想要的生活。而第三个石匠则不同，他不仅热爱自己的工作，还对工作价值有着很高的评价与期待，最后，他获得了明确的目标，找到了自己的理想，工作中不断找到自我，成就了未来。

因此，在职场中的你请记住：生活不仅是为了活着，恋爱不仅是为了结婚，同样，工作也不仅是为了混饭。首先，工作是寻找自我的价值，是提升自己的渠道；其次，工作是为了能够更好地服务他人和社会；最后，工作更是我们的人生如何区别于他人的重要分水岭！

这是暂时的职业不是事业

许多已经习惯于拿自嘲当作豁达、拿自卑当作客观的人这样描述自己生活中的那份情感：别人的叫爱情，我们只能叫凑合过日子。

同样，对很多职场人来说，他们对“事业”的概念是遥远的，其印象只来自于书本、影视或者是不着边际的聊天中。在他们看来，事业是那些社会精英、企业老板等上流社会中人才配拥有的，而自己拥有的只能叫职业。

事情真的是这样吗？

职业和事业，乍一看区别不大，只有一字之差，但其背后的含义却有着千差万别。具体来说，职业只是人们为了在社会上生存下去而选择的一种谋生手段；而事业，则是人们一生为之奋斗的理念乃至信仰。

正因为有这样的区别，职业和事业带给每个职场人内心的感受注定是不同的，而职场人从职业和事业的不同定位中，也会得到不同的回报。这就如同你在恋爱中如果只是将对方看作“试探着了解”的对象，那么对方也会有相似的感受，很可能不会投入太多，但如果你将对方看作“真正打算结婚”的对象，你对他或她的付出就会不大一样，他或她也会很容易对你产生信任，萌发不一样的爱意。

职场如恋爱，需要的不仅仅是职场人的职业态度，同样也需要你的事业观点。美国钢铁大王卡内基曾经说过：“凡是为我工作的员工，都应该有具备成为合伙人的能力。如果他不具备这样的条件，不能将自己的工作看成事业，我就不会考虑给这样的年轻人以机会。”同样，台湾首富王永庆也曾经说过：“将工作看成职业，一个人就会全力应付；而将工作看成事业，他会全力以赴。”

反观职场中不少人，总觉得自己将来会有更大的发展，而目前从事的工作只是一份养活自己的职业，甚至只是一个随时可以丢掉的跳板。这样，他们对自己目前的付出和投入并不在意，对从现有工作中能够获得多少同样不在意，结果，最终受到伤害的还是他们自身的利益。

想要破解这个困局，首先你要将每一份职业都看作自己终生事业圈内的一部分。或许你不会在每一份职业中都能够得到充分丰盈的回报，但如果你用正确的态度来看待这些职业，就能够迎来事业的高峰。

野田圣子曾经担任日本内阁邮政大臣，她出生富裕家庭，从不为工作而担心。在大学快要毕业的时候，她被校方安排到东京帝国酒店做保洁员。这份职业工资不高，但却要求工作人员将马桶刷得光亮如新。这让野田圣子感到很厌烦。

经理看出了她的厌烦，知道她仅仅将这份工作看成职业，想要应付了之。于是，经理亲自做了示范，将马桶不断洗刷干净，然后拿出一次性纸杯，从马桶中舀出一杯水，然后当着她的面一饮而尽说："马桶既然干净了，里面的水就可以喝。记住，对待任何职业，都要看作和自己信念有关的事业来进行。"

野田圣子目瞪口呆，她想到，即使是刷厕所这样的职业，也能做到如此超越常人的事业心。于是，从此以后，她的心态和行为都发生了变化，无论自己从事怎样的工作，都将之看成自己事业发展中的重要阶梯，并最终成为国家的领导人之一。

这个故事教育职场人，对待工作，你所要做的不仅仅是理性客观地看待，还需要投入充分的情感。如果将工作看成职业，你只有得过且过的现在，而没有阳光明媚的未来。要记住：你人生最大的幸福感，你对世界所抱有的信念，终究还是要通过成就自己的事业来实现。

想要做到将工作看成事业，职场人首先应该看到职业对于自己的价值，正如同当人们恋爱时，会主动看到对方的优点和价值那样，如果我们想要真正将职业看作事业，就应该看到职业给我们提供的东西绝不仅仅是一份薪水，更不是无目的的压力和忙碌，而是包括充分的工作经验、社会的人际交往、获得成功的满足感等。当我们能够学会这样看待职业价值时，就接近于将其看作事业了。

其次，职场人还应该看到职业对于社会的价值。很多人之所以对自己的职业无法有高度的认同感，根本原因在于他们没有看到自己的工作为社会带来了哪些贡献，创造了哪些财富。他们更多地只看到了自己这个岗位上创造的一点点成果，而看不到自己在整个企业、整个行业中发挥了怎样的作用，更看不到自己的工作和更加宽广的人群之间有怎样的联系。因此，只有当人们站在高屋建瓴的角度，反观自己的职业时，才会油然生出对职业的持久的热爱，并成长为事业心。

最后，你还应该认识到，职业和事业是无法分割的，任何一份伟大的事业，如果不通过职业的起步、职业的积累，就谈不上成就事业，反之，任何普通的职业，如果能通过坚定的信念、持续的努力，做到了最优秀、最出色，那么，也就能满足你对世界的期望和对人生的规划，成为支撑你终生的事业。

因此，职场人请重新回头看看你的工作吧，在你的眼中，它应该是你走上事业圣殿的阶梯，而绝不是食之无味弃之可惜的“鸡肋”！

我只是“临时工”而已

在现代社会，真正固定不变的东西似乎越来越少。除了每个人自己的血缘、籍贯无法改变之外，几乎每一样围绕在人们周围的关系都有可能改变。朋友可以变，同事可以变，老板可以变，甚至感情也是说变就变。因此，有人这样总结道，这是一个讲究结果的时代，也是一个鼓励冒险的时代，只要敢于冒险，敢于变化，就能获得想要的成功。

正因如此，不少人在看待工作时，总是抱着“这份工作不可能干一辈子”的想法，将自己定位为临时工角色。他们考虑的并不是这份工作中自己是否有了足够的投入，是否能够进行长远规划，而是抱着做一天是一天的想法，一旦没有在短期内看到收益，就盘算着找一份新的工作。因此，许多职场人从离开学校之后开始，似乎就在不断跳槽，不断更换身边的环境，就像那些总是因为种种原因而感情受挫、更换恋人的朋友一样——一直在变化，从未真正幸福！

其实，并没有多少人真正喜欢频繁跳槽。正如同不会有多少人喜欢不断分手再去开始新的感情一样。这是因为每次跳槽都意味着一次新的开始，而这样的开始是需要巨大投入的。同时，现代职场中，一份工作能够持续多久，也并非完全由职场人自己说了算——大家都是企业的一枚棋子，当企业有了更好的棋子之后，就会有被替换的危险。

然而，尽管有这样那样的主客观原因，都不是职场人将自己看成临时工的理由。

李开复曾说过这样一段话：“你应该找到一个公司，它不是要压榨你的劳动力，希望你马上就能够给它赚到钱，而是会提供给你足够的培训、学习和成长的空间。”的确，一个良好的企业环境是能够为职场中人的未来提供充足养分的，可以为职场人的发展带来坚实基础。但同样，这样的良好环境，也需要职场中人用自己正确的态度来营造。

所以，我们不应该抱着“我只是老板请来的临时工而已”的态度面对工作，而是要从长远眼光出发。不要轻易、随便更换你身边的“恋人”，而是要一起努力走下去，才有可能收获“幸福”的结局。

美国钢铁大王卡内基钦点的接班人，不是什么名门望族出身的经营者，而是一位从他的公司里不断学习而逐渐提升的职员。他的名字叫做齐瓦布。18岁时，齐瓦布已经因为家庭贫穷而辍学多年，经过他人的介绍，他来到卡内基集团属下的建筑工地打工。当时，建筑工地的工作条件比现在要艰苦得多，许多工人们都觉得难以坚持、疲惫不堪。很多新人也抱怨，这份工作太累、时间太长、薪水太低，还有些人则在工作一段时间后就选择了离开，理由很简单，这份工作在他们眼中只是临时工作而已。

但齐瓦布并不这么想，他不仅知道自己只有这个机会进入城市，更在于他想要将这份工作当成使自己能力得以提升的阶梯。于是，他每天除了按照要求完成工作后，还会设法找到一些建筑学方面的专业书籍，然后一有时间就在宿舍里面学习。一天，公司的经理到了工地检查，发现他如此认真地学习工作知识，感到很是惊讶，但并没有说话。第二天，齐瓦布就被经理叫到了办公室，得到了勉励。

很快，随着对工作知识的学习、对岗位经验的积累，齐瓦布被提拔成为技师。此后，他更加热爱自己的工作岗位，更加珍惜自己的工作环境。他说：“我不是在为老板和企业做临时的工人，更不是单纯地为了赚眼下的薪水。我是在为自己的理想和前途打工。因此，我只有将工作看成稳定的，我才能确保自己获得重用，并有机会获得提升。”由于有这样的心态，他在企业中不断获得提升，先是被任命为公司的总工程师，后来，又被卡内基推荐为公司的总经理，成为集团公司中最大的伯拉达钢铁厂的直接管理者。而获得这样的成就时，他才仅仅25岁。

齐瓦布的成功并不是什么奇迹，如果说是，那么带来这种奇迹的就是他对目前工作的执着追求。他没有将这份看似无趣的工作当成临时工作，而是将之看作自己未来进步的基础。这样，他才能获得别人甚至不敢想象的成功。

佛语有云："只顾耕耘，不顾收获。"这当然并非意味着真的应该不问回报，而是说只有一个人能够用专一的态度、像对待恋人那样对待现有的工作，才能得到收获。因此，当职场人面对工作时，应该明确以下几点：

首先，应该知道，今天的工作是为了实现长远的目标。因此，工作并不是可有可无的，更不应该是"临时性"的。如果你真的只能将工作看成临时性的，那只能说明你并不珍惜工作，或者你根本就不适应这份工作。

其次，职场人不应该将赚钱多少看成自己工作的唯一评价标准，因为这种单一的标准，很容易让你总是想在最重要的工作初期就逃离现有企业环境。

最后，不要认为自己更换工作很容易，虽然表面上来看跳槽很简单，但职场人不妨多计算下自己更换工作所需要付出的各项成本，这样，你就会在试图跳槽时更加谨慎小心。

干多少取决于有多少报酬

你给我多少钱，我就干多少活——我不能干多了。在一家公司工作，公司提供一个施展才能的平台，双方一起做事，然后按规范分享劳动成果。只要规范合理，你努力的越多，所得也会越丰厚。正如当你追求一位心仪已久的女孩时，一定会倾尽全力、不计回报地付出。当你真心想要与她手挽手共度今生的时候，你还会计较她回馈给你的太少吗？

但是，很多人还是不明白这个道理，总是抱着一种"我是打工的，你给我多少钱，我就干多少活”的心态来工作。

人们经常听到这样的人诸如此类的牢骚话：“给了我多少钱呀？希望我做那么好，希望我做那么多!”“凭什么呀？给我多少钱，我干多少活，出多少力!”“我干得再好，还不是为老板干的?”“拿多少钱干多少活，我只要对得起这份工资就行了”……

有些人总是简单地从交易的角度出发，整天想着：你给我多少钱，我就给你干多少活。而且，这个多少活还是自己在心中主观定下来的，一旦所干的活超出了这个界限，他的心理就会不平衡。更可怕的是，他把这个活儿只看成是自己做了多少事情或者干了多少工作，而没有去问：“这些活儿的结果如何？都是一些什么样的活儿?”结果似乎与他无关。

当然，还有一些“聪明人”则将自己的“智慧”用在尽量少干活儿多拿钱上。这也许就是为什么诸多“聪明人”在职场上频频失利的原因吧。

曾经有人这样比较中国和外国员工的职业化差距，外国员工是“我做得越多，老板给我的钱就越多，所以我要多做”；而中国员工是“老板给我多少钱，我就干多少活，所以给得少就少干”。

打工心态在现实中无处不在，抱有这种心理的人总是希望干最少的活拿最多的钱，生怕自己干多了让别人从自己这里占了便宜。他们的信念是老板给多少钱就干多少活，天经地义，这样才不吃亏。

一叶蔽目，不见泰山，其实是吃了更大的亏。因为表面看来，这些“精明人”没有吃亏，但长远来看，他们却损失“惨重”：他们逃避工作、推卸责任，这些人一辈子也很难得到提升，还不得不整天为眼前的工资伤脑筋。其实，他们忘记了在工资背后深藏的更为珍贵的东西——工作给予了自己锻炼、训练的机会，工作提升了自己的能力，工作丰富了自己的经验，在工作中能逐渐建立起自己的品格、完美自己的职业道德，所有这一切所蕴涵的是他将来提高薪水和提高职位的根本基础。

“短视”的“等价交换”，让“短视者”错失了诸多机会。这其实是现代版的“买椟还珠”，虽然拿到了薪水，却失去了自己的前途和信心。或许公司正在为其升职、加薪而给其更多机会去工作锻炼，但他本人却不能正视这些，因此丢掉许多获得成长、技能和经验的机会。

“老板给我多少钱，我就干多少活”的心态可能会葬送你的职业生涯。有个知名企业家曾坦言：现在，一些人缺乏主人翁意识，对这些人来说，最难听的一句话莫过于“打工心态”，“给我多少钱就干多少活，绝不多干一分钱的活”，没有任何使命感。这种心态要不得，抱着这样的心态只能永远是打工者。

“你给我多少钱，我就干多少活！”换位思考一下，如果你是老板，听了这话可能也会感到不舒服。多付出一点点就吃亏了吗？老板既然雇你，自然会付你报酬，不用说，他付给你的价值肯定要比你创造的价值少些，这是很正常的，他也需要一部分价值用于自己的生活和公司其他方面开销，如果公司不赢利，那公司也就生存不下去了。

21世纪，仅有“物有所值”是不够的，还一定要“物超所值”。什么叫“物超所值”？就是你所做的工作超过老板付给你的钱。

世界500强企业日本松下集团创始人松下幸之助曾问他公司的一个员工：“如果公司付给你1000元钱的话，你应该做多少事情才对？”

这个员工回答说：“你给我1000元，我就给你做1000元的事。”

松下说：“如果真是这样的话，公司是要开除你的！因为给你1000元钱，你就做1000元的事，公司就没有利润，是在赔钱，所以公司不会要你，你自然一分薪水也领不到了。我给你1000元工资，你应该给我做2000元的事才对。”

作为员工，你要经常问自己：“怎样才能把自己的工作价值提高十倍?”如果你经常这么想，加薪不是很困难的事，如果你希望老板给你加薪300元，你要先问自己有没有做3000元的事?只要你做到3000元，老板给你加300元是非常容易的事。假如你只做200元钱的事，你有什么理由要求老板为你加薪?假如你不愿意多做一点，老板不感觉到你有3000元的价值，那为什么要用你?假如你现在只赚500元，你希望老板给你加薪到1000元，而你不先做1000元的事，他为什么给你加薪?

所以，作员工一定要想法多给公司创造价值或者提高自己创造价值的能力!要相信，只要你有能力给公司创造更多的价值，老板也就会相应付给你更多的回报!

成功学家拿破仑·希尔说过这样一句名言：“提供超出你所得酬劳的服务，很快，酬劳就将反超你所提供的服务。”

一天下午，北京某知名饭店的一名工作人员送客人到机场。在候机厅里，他听到了飞机晚点的通知。原来，由于日本大阪机场上空有雾，当天飞往大阪的航班因此推迟。他转念一想：从北京飞往大阪要花大约3个小时，而当时大阪机场在下午3：30就关闭了。现在这个时间，今天这趟到大阪的航班无论如何也来不及了。

他立刻打电话回饭店，将情况说了一下，让饭店做好准备。然后，他向机场的值班办公室走去。

办公室里，安排该航班的负责人正在满头大汗地打电话。果然，今天这趟飞往大阪的航班已经取消了，而航班的负责人正在为因飞机迟飞而滞留的150名客人向酒店预订房间。

这个工作人员立刻向负责人作了自我介绍，希望对方将客户安排在自己所在的饭店。负责人看到报价单，发现报价单上的价钱比别的酒店要贵，但结果却出人意料，他们最后选择了这家饭店。为此，该饭店整整多挣了20万元的利润。

原来，无论是哪家酒店，也不能在短时间内一下子腾出那么多房间同时安排150位客人，而只有事前有所准备的这家饭店有这样的能力。

那个工作人员正是凭着这一点，为自己工作的酒店赢得了超额利润。

不要以为自己付出的比获得的要多，其实，人们努力多一点并不会失去什么，反而有了从平庸中脱身、成为优秀者的可能。归根结底，努力的最大赢家还是自己。

无论是生产车间里的普通工人，还是活跃在市场第一线的销售人员，抑或是一名总经理，他们都是凭借自己的价值来获得报酬的。轻松而报酬优厚的工作，已不复存在。能为公司创造更多价值的人，得到的报酬往往也最多。

太投入你就输了

现代社会的爱情，似乎正变得越来越不靠谱。曾经有朋友在经历过分手的痛苦之后，这样悲叹说："爱情这种事里面，真的是谁投入得多，谁就输得快。"但生活真的是这样吗？如果做一个调查大概就可以发现，即使在今天，那些投入了更多注意力和热情的爱情，最终成就的美满婚姻生活，恐怕还是要比不幸的分手要多。如果说一段恋爱有始无终，那么问题不在于投入，而在于投入的是不是够，投入的方式是不是正确。

和爱情一样，在工作中，人们更喜欢那些心怀热情的人。同样，许多人也能够因为这样的热情，而逃离很可能变得枯燥不变的机械工作。当人们能够将自己的灵魂投入到工作中之后，就会发现，上班不再是那样令人烦躁，而且更多的人也会因为你的投入而注意和喜欢你。

从同事的角度来看，他们无疑都喜欢注意和接受那些对工作始终抱有积极乐观态度的人，尤其是年轻员工或者新员工，他们是否怀有热情，是否能够从工作中体会到劳动的快乐，将决定他们在他人眼中的职场形象——如果你无法投入工作，只是因为无可选择而不得不做，那么就很容易情绪低落、怨气阵阵，即使完成了工作，同事也不会看重你的劳动。同样，你的领导，虽然更多地侧重于对工作结果的评价，但别忘了，任何领导都是有情感的人，他们也很容易因为你对工作缺乏热情，而对你产生负面的评价。因此，职场人需要做的，是努力改变自己面对工作时的认识和态度，加大自己的情感投入，从而进一步加大自己的精力投入，使得自己能够真正爱上工作，并且尽力完成好工作。

一位著名的企业家曾经和他人分享过这样的职场故事：

“50 年前，我进入社会开始工作。一开始，我只是在一家不大的五金店工作，这些零活每个月让我有 60 美元的收入。在我工作之后，有位顾客想要来订购一批货物，他要买的这些货物包括铲子、钳子、马鞍、盘子、水桶和箩筐等，说是要将这些东西作为自己女儿的嫁妆。那时我恰好并不算太忙，又看到他是个老人家，便主动提出帮助他送货上门，我也对自己能够为老人家送货上门而感到高兴。所以，当我们送货的车子艰难地前行到泥泞道路中后，我就用力地推动车子。这时候，恰巧有位路过的爱尔兰杂货商看到了我的窘态，他问清楚了情况，就用自己的大马车拖动了我们的小货车，然后还在我的请求下，答应运载一些货物送到客人家中。一路上，我热情地和他攀谈，解释着我为什么要这样送货上门。当我向顾客交完货物之后，我感到由衷的高兴。后来，这位爱尔兰杂货商直接到了我所在的五金店，他告诉老板，通过一路上的沟通，他发现我是一个对工作很有热情的年轻人，因此，他很想冒昧地请求老板能够允许他为我提供份每月 150 美元的助理工作。我的老板同意了，于是，我的职业生涯有了第一次跳槽，也是第一次提升。”

从这位成功人士的身上，我们可以看出，他对于素昧平生的客户有着充分的重视，并主动提供额外的服务。这种态度并不是盲目的，而是来自于他对工作的热情，是主动付出的责任感。这种责任感能够推动他努力在职位上工作付出而毫无怨言。因此，职场人无论自己身处于怎样的工作环境中，都应该加大对自己工作的投入，而养成自己的良好口碑，并遇到更好的工作机会。

可以说，投入地工作，并不会让职场人输，反而会让他们获得更多的加分。这是因为不少职场人或许觉得自己有充分的能力，但他们也经常看到，很多看起来能力不如自己的人，其职位比自己更高、财富比自己更多。面对这种情况，职场人应该明白，你缺的很可能是他们的那种热情。因此，职场人无须自怨自艾，而是要多在自己的身上寻找原因，多问问自己是不是对工作的每个细节都足够热情，下了足够的功夫，有了足够的投入。

想要正确地投入工作，职场人应该多从下面几个方向进行自我改变。

首先，你应该积极投入到处理工作的细节中去。很多人的确想要将工作做好，但他们并没有找到投入的重点，而真正值得你投入的，不仅仅是对工作的热情，更有着对工作中那些并不为人所注意的细节的关注。

其次，你应该投入更多的时间在工作中，那些永远到点上班、到点下班的人，即使有着良好的工作效率，也并不能总是面对来自工作的压力。

最后，想要做到积极地投入工作，职场人还应该努力从经济上进行付出。如果只将工作看成赚钱的来源，而不愿意投入金钱去积极学习工作相关知识，那么，职场人也难以得到应有回报。

总之，对工作的投入，或许会增加你的压力，但持续而正确地付出，迟早会让你变得和周围同事不同。职场人将会从这样的付出和投入中获得事业的垂青，得到更加璀璨的职业生涯。

工作永远不是第一位的

为什么很多恋情原本被许多人所看好，但最终却无疾而终？生活中，这样的事情并不少见，但很少有人研究过其中的共同原因，更少有人将之和工作联系起来。其实，在恋情刚开始的时候，绝大多数人都能够珍惜这份感情，将对方的地位放在生活中重要位置，但随着感情发展，有些人越来越注重自己的感受，而没有像起初那样将对方放在第一位。于是. 问题就出现了。

在职场中，为了避免这样的问题，职场人必须要意识到，在条件允许的情况下，一定要懂得工作的重要性，树立“工作是第一位”的意识。只有通过这样的选择，才能将自己对工作的责任感变成工作动力，在职场上发挥自己的价值。

同时，按照“吸引力法则”所指出的那样，职场人越是期待自己怎样，就会越容易变得那样。因此，当你的思想开始变化时，周围的环境就会不知不觉地有所变化。具体到职场领域中，如果你总是将工作排在生活、娱乐、休闲之后，那么，你就很难在工作上取得什么显著成就。反过来，如果你觉得工作很重要，并经常提醒自己看清楚工作的重要性，那么，你就会更加容易地踏上成功道路。

通用公司人力资源部门的负责人曾经说过：“我们在分析应聘者是否适合某项工作的时候，常常会考虑他对目前工作表现出什么样的态度。如果他认为自己的工作重要，我们就会因此留下深刻印象。即使他目前的工作能力还不是很高，也没有关系。”

这足以说明，一个人将工作排在怎样的顺序上，将会决定他的工作态度，并彰显他的职场魅力。那些更加重视工作的职场人，往往能得到工作机遇的垂青。因为他们经常将工作放在第一位，因此，能够有更多的心力去寻找做好工作的方法。而这些不同的方法，能够给他带来更多升迁机会，更多收入和权益，以及更多的成就感。反之，如果一个人认定工作必须永远服从生活，永远处于其生命中不得不存在的位置，那么工作也不会带给他多少乐趣和满足。

和不少今天的中国白领将工作看成生活的“提款机”不同，在日本职场中，许多人的确能够做到将工作放在最优先的位置，甚至这种优先工作的精神令我们难以理解。

在日本人高桥敷所写作的《丑陋的日本人》中有这样一个故事：

一个被派往秘鲁工作的日本职员的妻子要生产了，家人打电话到他工作的地方。他只是说了几句，没有多理会就挂上电话，继续着手头工作。秘鲁方的同事告诉了上司，说是要给他放假，他开始并不愿意，后来直到上司命令他放下手头工作回去，他才迅速回到家中，将妻子送到医院。但很快，他又回到了办公室中，这让他的同事们很是惊讶，问他为什么不选择在医院陪护他的妻子。他回答说：“医院有专业人士在，对我来说，工作是第一位的，怎能因为生孩子就耽误工作?”

还有一个真实的职场案例，也同样发生在日本：

一家银行，某天晚上需要加班对账目进行核对。所有职员一起算了很久，但还是发现入账和出账的数目不对，差了一分钱，怎样算都对不上。因为这个问题，所有人都不愿意离开岗位，而是继续自觉地计算。最终，到了深夜，数目终于核对上了。正当大家都感到很高兴的时候，有位女职员突然哭了起来。原来，她这时才想到家里的孩子还没有吃晚餐，加了这么长时间的班，年幼的孩子一定已经饿哭了。想到这里，她才慌乱起来，无法控制自己的情绪。

当然，这样的案例并不值得提倡，因为我们都知道，工作再重要，也应该懂得关心家庭，履行自己对家人的义务。但是，从另一个方面来看，日本之所以能够凭借其狭小的国土面积、贫瘠的物产资源发展成为发达国家，其中所依靠的不能说不包括千百万这种小职员的工作态度。而想要在社会中获得应有的承认，让自己的工作得到大家的认可，也同样需要这样的精神。

在工作中学会在应有的时间和场合，将工作放在第一位，就是职场人对自身工作责任感的增强，对自己的进步也是很大的促进与勉励。将工作摆在重要位置，意味着职场人会投入地去对待工作，会采取不同的方法将工作完成，这才是你工作最终的意义。

当然，在现实中，工作和生活之间的矛盾是经常出现的，但职场人应该意识到，这恰恰是对你工作态度的有效考验。不少人错误地认为，工作是给老板做的，而生活才是自己的，因此，他们很容易在感情和态度等方面不可避免地更关注生活，总是将工作往后排。这种生活并不可取，因为当工作和生活发生矛盾时，往往是因为工作中积累的问题已经到了相当严重的程度，如果不能在此时将工作排到第一位，就意味着失去时机，导致问题无法得到有效解决，或者因积压太多产生其他问题。

强调将工作排到第一位，并非鼓励职场人成为工作狂，而是要求他们能够在注重私人生活的同时，也能够根据现实情况选择好侧重点。这意味着，职场人应该在不同方面学会将工作放在前列：

首先，当个人感情发生波动时，应该将工作放在第一位，而将个人情绪放到第二位。不可置疑，每个人都有自己情绪波动的时候，而避免将这些情绪带入工作之中，才能够更好地调控好自己的工作态度。

其次，适当地分配个人的精力，懂得集中精力，解决工作中最棘手的问题，而并非不断拖延。

最后，你还应该养成正确的生活观，生活并非完全意味着享受，同样也意味着对自己的提升和对世界的学习，而这样的生活是离不开一个人的社会工作的。

反思自己是否有“工作永远不是第一位”的毛病，并积极加以解决，是每个职场人改掉坏习惯，面对新工作的正确立场和态度。

总想做点第二职业（副业）

如果说网络上带有几分戏谑色彩称呼的“备胎”文化，反映了当下年轻人恋爱中缺乏信任、浮躁现实的一面，那么，在职场中，总想做点第二职业、总想通过兼职来体现自己实力和增加个人收入的现象，就更加值得我们分析了。

对于许多职场人来说，身兼数职，似乎很值得骄傲。而兼职本身，也是相当充满诱惑力的。对于许多职场人来说，兼职直接和收入挂钩，这是切实提高他们口袋中金钱数量的重要手段，同时，兼职还蕴藏着很多机会，例如开发你在社会上的新的人脉，发挥你在工作中可能没有机会用到的特长等。

然而，如果总是将兼职当成自己工作的重点，甚至将长期兼职作为对工作薪水的有效补充，就大错特错了，是职场人需要改变的错误看法。

想要改变这样的看法，首先需要职场人能够用理性的眼光看待兼职。如果你工作精力旺盛，而现有的工作又能够高质高效地完成，做一份兼职也未尝不可。但是，如果你自身原来的工作都没有做好，却还在心有旁骛，想要再多做几分兼职，显然不是一个正确的决策。

当你已经完成了每一天的正常工作，度过了一个个规律化朝九晚五工作日时，好不容易有了休息的时间，却又需要面对另一份工作，你是否考虑过这值得与否？你又是否应该学会放弃兼职，给自己的身体和大脑以应有的放松和休息时间，从而确保自己的本职工作能够做得更加出色。

更何况，许多企业并不允许本企业的员工在外面随便兼职，因为员工有精力在外面兼职，总会让上司觉得，他的工作量肯定不够，或者干脆就是工作态度有问题。因此，如果职场人发现兼职存在着风险，就应该远离这样的兼职，而回归到你正式的工作中去，因为这份工作才是你真正的生活的根本。

麦莎是某外国语院校毕业的硕士。她应聘进入一家英文杂志社做采编，工作量并不多，作息也算规律，收入也并不低，有空的时候，她会看看书或者短途旅行，生活和工作安排得井井有条。这样工作了一段时间后，麦莎发现，自己身边一些朋友的工资比自己高得多，在物质欲望的驱动下，她希望能够拿到更高的薪水。

麦莎曾经想过辞职高就，但是她发现，现有这份工作稳定体面而又相对轻松，自己舍不得离开现有工作岗位。但是，如果只是坚守这份工作，她想要的 LV 包、想买的 SMART 汽车就会遥遥无期。终于，麦莎还是很快通过同学找到一份兼职，帮助出版公司做翻译，帮助商务服务公司做口译等。这样，兼职下来获得的每一笔收入都让麦莎心情舒畅。

一年下来后，麦莎统计了一下自己的兼职收入，发现自己真的通过兼职攒下了将近五万元的收入。这让麦莎感到相当兴奋，在将这些钱花费到自己想要的东西上之后，她有了更多的动力，更加愿意拼命接下这些兼职。只要能够赚到钱的兼职，她都接下来，不管其工作量有多大，也不管占用多少时间，都会加班加点准时完成。为此，麦莎不仅放弃了许多朋友和同事之间的聚会，也放弃了好几次杂志社中的工作，甚至影响到了自己上班的时间和精力——她曾经一周迟到了四次，也曾经中午休息时就趴在桌子上睡到难以醒来。

第二年，麦莎不得不住院了，因为长期的压力劳累，导致她的腰椎出现了问题。而杂志社领导也严肃地批评了她，认为她的精力并没有集中在本职工作上。

和麦莎一样，不少人只看到了兼职带来的“良好收益”，却没有看到兼职并非人人都适合。针对那些有固定工作的人，如果想要提高自己的收入，应该从以下方面着手：

首先，将自己手头的正式工作做到最好，努力提升自己的工作业绩，这样才是提高收入最有效且最长期的做法。

其次，如果你是因为个人的工作收入的确不够才选择兼职的话，在进行兼职之前，你不妨选择更加理性的做法：将自己的工作业绩做到最好，然后向老板反映，提出更高收入的要求。如果你真的已经做到最好，已经付出了努力，但老板还是不愿意给你更高的薪水，这时候你再选择兼职的工作。

最后，当职场人真正开始兼职之后，不应该只是将兼职看成临时的职业，因为他们既然在原有的工作中无法得到生活品质的提高，又或者找不到工作的成就感，那么不妨直接考虑将兼职工作变成新的专业工作的可能。职场人应该认识到，绝大多数人是无法真的同时做好正职和兼职的，更无法将两个职业都同时长足发展，如果正职无法满足你的需求，那么不妨考虑将兼职发展为新的正职。

所以，请职场人不要总是寻找新的兼职，因为绝大多数持这种态度的人，是无法用兼职方法长远赚钱，并得到职业发展的，他们反而会从中受到负面影响。

人有三六九等，工作也有贵贱

生活有所不同，但爱情本身却并不应该被区分得那么世俗。实际上，无论怎样的爱情，只要是真挚的、健康的，就理应得到祝福。同样，在工作中，每个人都会位于不同的工作岗位上，承担着不同的工作责任。有些人负责的工作岗位常常引起他人的注目，而另一些人负责的工作岗位则有可能很少被重视。那些站在容易被忽视的工作岗位上的职场人，由于做着看似可有可无的琐事，因此，很有可能为此而感到沮丧，并认为自己的工作比其他人“低贱”。但是，沮丧本身是于事无补的，不仅如此，还会引起职场人对自身职责的忽视，并容易导致工作出现错误，更会导致自己因此而失去对工作的热情。

实际上，每个人虽然成就不同、地位不同，但却并不应该被划分成为三六九等。同样，工作虽然有关注度的差别，却没有贵贱之分。这是因为，每一份工作都有着自身难以被取代的价值和意义，职场人更不应该为自己所处的岗位和工作产生错误的负面工作情绪。

当然，或许很多职位所承担的工作没有其他工作看上去那么光鲜，工作的环境也并不令人满意，不容易得到周围人的承认。但是，职场人也不应该忽视下面的事实：只有先做到有用，才能做到重用。在不少年轻的职场人看来，世界500强的员工、公司的部门经理或者垄断企业的重要干部才称得上是体面的工作，其中更有不少人愿意花费很大的努力和漫长的时间，去获得希望渺茫的体制内职位。但是，令他们没有想到的是，如果花费同样的时间和精力，他们其实完全能够通过自身努力，在自己原本看不上的工作中寻找好自己的位置，发现自己的价值。

余彭年是中国著名的慈善家、香港知名商人。20 世纪 50 年代，他离开家乡湖南，只身来到大都市上海。为了能够在这个大城市生活下去，他曾经做过许多低贱的工作，包括拉黄包车、摆地摊、打零工等。1958 年，为出人头地，已经 35 岁不再年轻的余彭年来到了人生地不熟的香港。

当时，由于英文水平有限、听不懂粤语，自己的方言又很重，余彭年在找工作的时候处处碰壁。最终，他只是在一家普通的公司找到勤杂工的工作。众所周知，勤杂工主要担任公司的保洁任务，主要的事情就是打扫卫生清洗厕所等，不仅得不到重视，薪水也很低。

到了周末时，公司里其他员工纷纷感觉轻松下来，或者蒙头大睡，或者游玩逛街。但是，余彭年并没有这样做，他发现，公司里面经常有人在加班，如果没有勤杂工来打扫卫生，那么公司的工作效率显然会受到影响。于是，他还是坚持来公司打扫卫生。

当然，其他的员工都说余彭年是笨蛋，但余彭年对此不以为意。这样的加班他坚持了半年。终于，经常来加班的老板也发现了这个勤杂工，在惊讶之余，他向其他员工了解完情况，知道余彭年坚持加班的事情。于是，老板决定，将余彭年提升为办公室的员工。此后，余彭年得到更好的工作平台，加倍努力工作，在工作中，他不断得到了提升，最后成为了老板聘请的公司经理。

在这个位置上辛勤工作几年后，余彭年向老板提出，自己想要出去做生意，希望老板能够同意。老板不仅欣然答应，还投资入股了他的公司。此后，经过一番奋斗，余彭年成为著名企业家，不仅光鲜亮丽，还成为了知名慈善家，拥有了高尚的社会身份，而这一切，却是从当年貌似卑微的勤杂工工作开始的。

职场中，很多人只是欣赏那些已经被承认了重要性和价值的人士，却讨厌从表面卑微到真正重要的过程，这样的心态是很矛盾的。如果不改变这样的心态，不积极转变观念，改变对自身工作的歧视，那么，很可能永远也无法找到体面工作。这是因为只有扎实地从不起眼的工作开始做起，解决其中琐碎低微的小事情，才能获得真正的进步。

同时，不管职场人自己在做什么工作，工作本身并不能说明我们本身的性质和特点，我们本身究竟如何，还是取决于我们工作时候的状态。如果职场人能够自尊自强，用良好的心态去看待自己的工作，就能从中学习到很多。反之，当一个人认为自己的工作注定被人所忽视，并不重要，而只能用消极心态去看待，那么他最终将很难在自己的工作岗位上做出成绩。对他们来说，扼杀自己成功方向的，并非工作本身，而是对其工作的心态。

职场人应该认识到，所谓的事业成功，大都并不是直接建立在“高尚”岗位上的，也并非一开始都能轰轰烈烈的。与此相反，很多人都是从被忽视的岗位开始，造就了许多不平凡的成绩。这是因为，积极的工作态度能够让平凡的员工将不起眼的工作做得更加伟大，而在消极的工作态度下，即使给你一份重要工作，也很容易被做得越来越差。

对于职场人来说，首先，应该做到牢记工作都是一样的，只有具体任务差别，没有贵贱区别，这样才能认识到自己的工作只是成就的开始，是在平凡岗位上踏出的成功第一步。

其次，在职场中，无论分配到怎样的工作，都应该用同样的态度去面对和负责，这样才能用行动证明自己的价值。

最后，如果你真的希望获得更好的工作岗位，做更容易体现你能力和价值的工作，那么，你必须要在现有的工作岗位上创造出出人意料的价值。

为何失恋的人都说原来爱情这么伤

——遭遇职业倦怠惹九大危害伤身

挫败感伴随着“失恋”

“累觉不爱”——这个网络热词的意思就是：太累了，感觉再也不会爱了！

在恋爱中，并非全都是甜蜜和热情，一旦失恋，带给人的往往是空虚感和挫折感。同样，在工作中，每个人都有可能遇到挫折，并由此产生挫折感。如果一个人不能用正确态度面对职业中的问题，产生职业倦怠，就有可能被挫折感缠上，并因此痛苦不堪。

在职场中，不同的检查、评比、任务、验收、评估、晋升、调动、排行等，都有着具体的现实差别，这种现实差别必然不可能确保每个人的期待都能成功，而由此，职场人也就会产生失望和挫折。这种挫折感，从理论上来说，就是当职场人原本具有了行为的动机，而想要变成工作行为的时候，却受到了内心的阻碍，结果无法达到预定的目标，进一步产生消极的情绪。

一般来说，职场上如果罹患了挫折感问题，很可能引起职场人一系列的负面问题。

1. 情绪问题

当遭遇了挫折感之后，职场人的情绪很可能产生负面变化。其中，情绪有可能变得暴躁、容易冲动。比如，当职场人在自己的工作中没有做出应有成绩或者个人期待没有实现，就有可能导致挫折感出现，并引发其家庭关系矛盾或社会关系矛盾。

2. 行为问题

产生挫折感的职场人，很多都并不成熟，经不起工作上的打击，在产生挫折感之后，他们有可能在行为上出现问题。比如，放弃工作，或者拒绝沟通交流，又或者回到家中找亲友哭诉等。

3. 封闭问题

还有些职场人在产生挫折感之后，其工作行为会表现得更加刻板、封闭，而拒绝灵活态度。他们对周围环境的变化会更加难以发现，只是沉浸在个人的懊悔中。

其实，每个人在工作中遭遇失败之后，都有可能产生不良情绪反应。但是，如果职场人经常出现这样的心理情况，就很有必要解决自己的职业挫折感问题。职场人必须认识到，自己之所以产生这样的挫折感，是因为自己的工作成就感在逐渐变小，自己因此对工作失去了热情。

记得一位友人曾给我讲述过近来发生在他公司的一件事：

小冯在某公司做销售的业绩很不错，不久之后，他被另一家公司挖走，担任那里的部门主管。由于在之前公司工作业绩的出色，让他对自己的能力有很强信心。在他的心目中，自己不仅早就梦想着成为部门主管，也觉得带动好销售员工并不困难，毕竟，自己原来单位中有很多同事都愿意向自己请教如何销售。

据说，刚开始的时候，小冯的主管工作很是顺利。他把每天的工作安排得井井有条，员工对他很尊敬，他和其他部门之间的关系也很不错。小冯觉得，自己的工作进入了状态，对自己在公司内的前途充满了信心。然而，这样的状态仅仅维持到开始销售任务的第一个月结束。

在这个月的评价会上，领导宣布，小冯销售小组的业绩不尽如人意。这让小冯觉得很没面子，他看到那些老主管们一个个取得良好的成绩，看到和自己同时进入公司的主管进步也比自己大，内心感到一阵失落。在此后的两个月中，小冯开始想尽办法激活自己部门的员工，他对他们下达更多任务，要求他们拜访更多客户，带他们开更多的会议，实在着急的时候，小冯还会严厉地批评下属，但结果是，在季度评价会议上，他的部门业绩依然没有什么起色。不仅如此，还有些员工有意无意地抱怨着他的领导，说他的工作管得太细，压制了员工的积极性。

这样的情况，让小冯充满了挫折感，他开始怀疑自己是否能做好部门的主管，并怀疑自己在公司中的发展前景。

小冯的挫折感受，或许有其个性特点，但相似的感受在职场人身上并不少见。职场人越来越多的挫折感，大都和下面几种原因有关：例如，职场人因为未能获得自己想要的东西，而产生的失败感；又如，职场人发现自己的工作导致个人利益上的损失，也可能因此而产生挫折感；最后，职场人发现自己在工作中不断遭遇阻碍而无法克服，也同样会产生挫折感。

当上述挫折感越来越明显的时候，会让职场人的思维进入死角，他们会难以接受自己的现状，或者无法认清现实，而产生更加严重的挫折感；也可能让职场人失去平衡的形态，丢掉自信，从而导致自卑问题和情绪低落，进一步影响今后的工作表现，最终陷入恶性循环中。

看来，在职场上，那些岗位不高、工作性质普通、个人能力不突出的员工，经常处于被领导、被挑选的弱势位置，他们需要面对好激烈的竞争，并积极调整心态。职场人应该认识到，工作如同恋爱，遭遇挫折并不奇怪，但不要让太多的挫折感积聚，变成你前进的障碍。只有学会丢掉包袱，轻松上阵，才能赢得更多更好的未来机会。

人际关系越来越差

在职场中，虽然有一个好的社交圈子对每个人都很重要，但是并非每个人都能够获得这样的良好氛围。不少人发现，当自己试图努力融入工作并积极向上时，却产生了这样的问题：他们很难和周围人进行沟通和协作。无论是什么样的工作任务，自己都不容易整理好复杂的人际关系。

在这样的情况下，不少人会产生下面的负面情况：要么想逃避现有的工作环境，选择和自己的工作“分手”，挑选一个新的环境；要么继续坚守在原地，面对原有工作。如果你并没有足够的实力，无法做到想走就走，那么，你只能选择后者——面对你现有的工作环境。其实，留在看似复杂的人际关系中并没有你想象的那么可怕，这是因为，在工作中经常会有可能出现一些并不重要的小问题、小矛盾，埋下人际关系走向混乱和复杂的伏笔，甚至成为人际矛盾直接产生的导火索，并导致一些难以收拾的恶果。如果职场人没有面对好这样的情况，就有可能感觉越来越难以和自己的上司、同事、朋友乃至身后的家人进行沟通，这样，就有可能在工作中难以取得进步而变得逃避、消极。

尤其值得注意的是，人际关系的问题，尤其对那些服务型的职场人士有着更大的打击。这是因为，像销售、文秘或者行政等工作岗位，最重要的一部分内容就是积极地和他人进行沟通，而对于这些职场人士来说，一旦人际关系难以处理，就会更加烦躁不安而无法处理好工作。

对于其他类型的工作者来说，人际关系同样会影响到他们的工作质量、对自己工作的满意度。这是因为，绝大多数的工作者每天都要花费大量的时间和同事度过，甚至其总时间要大于和自己的家人在一起的时间。这也正是许多人为什么表面上从事着收入较高、职位较高的工作，但却并没有表现出应有的幸福感——在他们工作的背后，往往是其人际关系出现了问题。

我的一位朋友林奇，性格外向，又有着很丰富的技术知识。在几次跳槽之后，他选择加入了一家外企，担任销售协助工作。由于这家公司的销售员工中不少是女性，因此，刚加入这家公司时，林奇觉得自己比较受到“重视”。加上年龄相仿，工作经常接触，他便很快和相关部门的同事熟悉了。

然而，过了几个月，林奇发现自己的工作环境中人际关系并不怎么样。一方面，公司中和自己打交道的同事，并没有像以前那样对他很热情，而是变得逐渐冷淡起来。比如，当他参加集体活动时，并没有得到什么关注，他出于好意想开个玩笑，也得不到其他人的欢迎。甚至有一次，有位女同事直接对他的笑话表示了不满。另一方面，林奇发现，自己和整个销售部门的环境变得格格不入，自己喜欢独立思考的性格，似乎并不适合整个部门强调沟通协作的作风，而在其他同事眼中，他也是“骄傲”“高调”的同事……

这些人际关系的问题，让林奇变得很郁闷。他觉得，自己最好还是少和人打交道，于是，他的人际关系变得越来越差，最终选择离开了这家原本能够提供很好工作环境的公司。

其实，职场人际关系是相当复杂的问题，有时候，即使职场人懂得关系的重要性，但还是会被不断出现的职场问题打乱工作节奏。想要摆脱其中的烦恼，你需要了解几个应该正视的问题，并找到其解决方法。

1. 人际关系并不是越广泛越好

尤其在职场上，交际面宽泛并不代表就不会产生问题，而人际关系狭小也并不一定就成为问题。如果你目前的工作岗位需要的是紧密的人际关系，那么，你需要的就不是大量的交际，而是选择那些真正有效帮助你提高工作业绩的人际关系，从而做到避免花在人际关系上的浪费。反之，那些自以为自己关系多，但却因为人际关系太广而没有投入管理，却导致他们的人际关系出现问题。

2. 人际关系产生问题，还经常和职场人的性格缺陷有关系

不得不承认，职场人在工作中的业绩大都取决于能力，但他们的职场形象和人际关系，更多取决于其性格。今天的职场人如果发现自己的人际关系不佳，那么，他们需要做的不是抱怨，而是正视自己的性格，弥补其中的不足。

3. 人际关系的问题，往往和你对人际关系投入的程度有关系

如果你投入太少，或者投入太多，就有可能导致人际关系失去平衡，而造成彼此关系的裂缝。

总之，在现代职场中，很多人都会被人际关系的问题造成工作上的困扰。但他们需要的不是仅仅被动面对这样的问题，而是主动进行调整，让自己的工作在更好的人际关系中运行。

社交恐惧症——不相信“真爱”了

相当一部分人在职场中，不仅会遭遇人际关系问题，甚至会因为人际关系的问题而进一步严重化，遭遇社交恐惧症。这种问题在人们的情感生活中也并不少见：一些人恋爱受挫之后，不仅感觉自己受到了伤害，也不再愿意投入新的爱情中，甚至讨厌和异性交往。

我的老同学武君，在同事中就经常被看成不合群的成员。每当工

作结束之后，她就会匆忙地离开办公室，去回家看自己的韩剧，或者去上网淘宝，再不然就是和男朋友出门逛街，却从不和自己身边的同事交流。当同事们发起聚会邀请她时，她也总是以有事情而推托。

某次，当武君因为策划业绩不错，而拿到一笔奖金后，不少同事都表示要庆祝一下。那天晚上，整个部门又是吃饭，又是唱歌，总共花费了一千元。由于同事们都在祝贺着武君，她只好掏钱埋单。虽然武君工资并不算低，但这样的消费还是让从小家境一般的她感到心疼。从此之后，她对于同事之间举行的活动都拒绝参加。而为此，她却承受了来自同事的一些非议，并导致工作的不顺利。

在职场中，患有工作社交恐惧症的人群也有着明确的自我封闭倾向，他们喜欢逃离职场人群，就是最大的证据。有这样心态的人群，通常不愿意和工作中的他人进行交流沟通，甚至很少主动和他人交流，这并不是意味着他们和同事、老板没有话，而是他们不愿意和他人交流，并发展成为不知道如何与他人交流。这种社交恐惧症者，其工作业绩倒不一定很差，他们中间很多人总是在埋头工作，但是却很少和同事交流工作，而在下班之后，也宁愿一个人回家，并不愿意和同事、客户和老板互动。

如果加以分析就能发现，自我封闭的职场社交恐惧者，很大程度上和其曾经在职场上遭遇过的打击有关系，出现这种倾向者，很多都是自己曾经因为人际关系处理不当，而在职场上遭遇挫折。这样的经历，导致他们因为内心的负面情绪而故意压制自己和周围人的互动欲望，对周围的工作环境更敏感，慢慢地无法进行职场中的互动，并将自己封闭起来。

另外，当职场人刚刚进入一个新的企业之后，也很容易出现社交恐惧症，并恶化成为之后长期的恐惧症状。这是因为，刚刚来到新环境的员工，很容易在工作中因为不了解具体情况而失误。另外，新员工也很可能对周围同事的反应过分重视，他们相当在意同事的一举一动，将他们对自己的看法当成评价，并因此对工作环境中的社交环节过于恐惧。

每个人在职场上都有着各自的不同，其能力的高低也各自不同。但是，这并非意味着总体能力高的人就不存在社交问题，而总体能力低的人就一定会难以适应工作环境。因此，职场人有必要从不同方面来正视和解决自己在工作中的社交恐惧症。

首先，他们应该注意避免在工作场合的社交过程中给他人留下虚伪的印象。只有在办公室中能够引起他人信任和兴趣的人，才能避免出现社交恐惧症。为此，职场人需要适当地表达好真实的自己，并让他人愿意倾听你的想法。

其次，当职场人进入一个新的环境中，不妨每天学会写观察日记来着重了解新同事和你之间的关系发展，并因此能够更加客观理性地进行和他们的互动。

最后，如果你已经不幸患上了社交恐惧症，不妨学会用想象的方法，想象自己在那些尴尬的场景、面对让你有压力的老板或同事，你将如何进行沟通交流。在体验完之后，还可以进行充分的放松，这样就能逐渐缓解你的社交恐惧症了。

其实，社交困扰并没有那么可怕，你所要做的是采取具体问题具体解决的方法，从而帮助自己提高社会交往的技能，并帮助自己成为真正的职场优胜者。

焦虑、绝望呈周期性爆发

在职场倦怠的症状中，还包含了不同层次的负面心理感受。其中，第一层是由过分激动而产生的焦虑情感，第二层则是由此产生的恐惧和沮丧乃至绝望的情绪。这就如同恋爱中过分的担忧现状、害怕失去等情绪无法促进情感正常发展一样，当你面对工作时产生负面情绪，也会造成在工作中遇到越来越多的挫折。

不少人在工作一段时间之后，由于面对的工作任务加重，其心理感受上会经常体会到激动和焦虑。一些人经常因为工作上的问题而坐立不安，他们会将手头的工作翻来覆去地检查，想要找到适合的工作节奏，但真正开始工作的时候又会造成自身注意力的分散。当他们因此而激动和焦虑时，又会时常希望自己能够获得更好的工作环境，但却并不知道自己到底应该为此做什么。这样，从工作中积累下来的激动心情就会变成焦躁不安的情绪，进而影响他们的工作情绪和业绩表现。

更为严重的是，一些人在出现这些工作情绪之后，还会进一步表现为恐惧、沮丧和绝望的心理。当他们发现自己对工作的焦躁情绪时，往往会感到自身职位安全受到威胁——当然，一定程度的恐惧并非坏事，可以有助于职场人的心理平衡，并通过良好地处理而成为自我提升的动力，从而不断提高自身的工作业绩。而另一种反应则是对自身工作状态的自暴自弃，导致对工作的厌烦。这样，恐惧就会带来无法控制工作局面的沮丧乃至绝望。

这样的情况并非只是职场人的工作经验，其内在的规律也早就被科学家所证明。

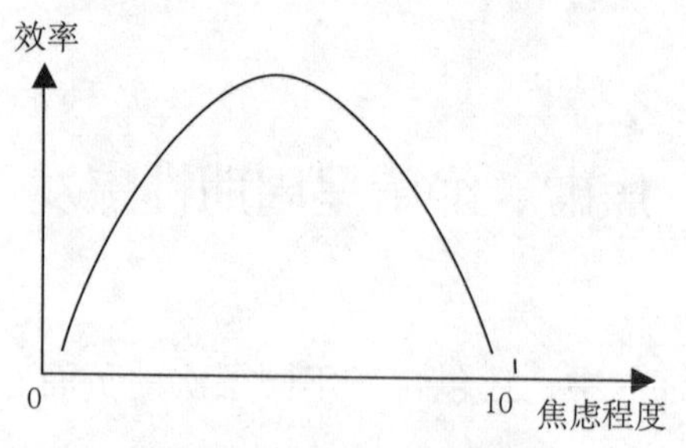

工作效率与个体焦虑水平的关系

早在 1908 年，著名的心理学家耶克斯和道森就发现，个体智力活动的效率、个体焦虑水平的高低之间，存在着一定的对应关系，这种对应关系表现为上图中倒 U 形态的曲线。也就是说，当个体的焦虑情绪上升到一定程度时，就会导致个体的主动性和意志力受到严重阻碍，最终的做事效率也大大降低。可见，在职场中，由激动和焦虑产生的一系列负面情绪，都会导致工作者的工作和生活效率降低。同时，根据相关的调查研究证明，职场上将近 90% 的人士都感觉自己因为激动和焦虑产生相关负面情绪。

有天，无意在一份报纸上看到这样一个小故事，大意是这样的：

在华尔街，奥鲁斯这个名字是相当能够引起他人注意的。

一开始，奥鲁斯从哈佛大学毕业，他放弃了几家公司所提供的高薪职位，而想要自己在华尔街创业。当创业之路开始的时候，奥鲁斯有点激动，他后来总结说，自己的确不是天生的商人。因为尽管上学的时候，他的学习成绩优异，但是进入职场以后，他发现自己变得很容易激动、焦虑。无论是工作中发生的资金匮乏、客户流失，或者是员工管理，都会让他感到惴惴不安。他经常会向自己提出种种问题，例如，是否应该自己到华尔街创业，公司是否有发展前景，自己的职场生涯会不会失败等。这些问题随着时间的发展、压力的增大，不断在他的脑海中萦绕。直到导致奥鲁斯变得沮丧和绝望，认为自己不可能有真正的好状态继续工作了。

究竟如何面对这些负面情绪？奥鲁斯意识到，如果不解决这样的问题，那么自己很可能将一直生活在焦虑和惶恐中。后来，他对自己说“坚持，再坚持”，他感到，只有不断对自己这样说，才能发现心中的梦想。很快，他发现，为了尽快逃离过分激动和焦虑的状态，自己可以有意识地进行良性暗示，从而与负面情绪做出抗争。

这是因为他明白，如果自己无法打败焦虑、绝望，就会被负面情绪击溃。

后来，经过一段时间的努力，他终于成功了。他的金融投资公司获得了很好的业绩，而他个人的职场生涯也有了崭新的变化。

通过奥鲁斯的案例可以发现，职场道路本身就是充满曲折的，也是漫长的，谁都无法完全预知自己会面临怎样的环境。因此，在工作充满压力的情况下，不少人都会产生类似的焦虑情绪，而当焦虑情绪超过中等水平时，其个人的工作过程就会导致情绪上的困扰。因此，职场人士最需要明确的，应该是积极调解自身情绪，力求做到张弛有度，防止紧张、焦虑、沮丧等不良情绪的产生。

职场人可以利用下面的方法来为自己缓解焦虑情绪。

1. 采用松弛法

每当工作带来的情绪压力变大时，你可以利用几分钟时间，做一些轻松运动，如扩胸、深呼吸或者有意识地放松下颔，这样，全身肌肉在运动后可以得到松弛，从而很好地缓解情绪。

2. 采用闭目养神的方法

当你感觉到周期性的情绪问题即将出现时，与其坐等自己的情绪被这些问题搞得焦头烂额而紧张，不如选择微闭双目，然后缓慢而有规律地调整好呼吸次数，最终在轻微地呼气吸气的过程中安定自己的情绪。

3. 积极运用自我暗示的方法

在很多情况下，工作中的负面情绪来源于客观事实。例如，不良的同事关系、缓慢的工作进展或者要求较高的上司等。此时，职场人可以利用良好的心理暗示来影响自己，比如，“没关系”“能完成”等，从而保证自身情绪的乐观，化解负面情绪。

小毛病成了健康杀手

恋爱中，一个小问题不注意，就会为以后的爱情之路埋下“地雷”。同样的，职场人心理上的问题，很有可能会发展成为身体健康的问题。毋庸置疑，职场上的负面情绪因素会直接带来职场人身体健康的问题，并有可能导致疾病的发生。

我们有时候会忽略一个事实，即那些在工作中很有成就感、情绪很好，又或者善于调节自己工作情绪的人，健康出现问题的概率也相对较低，而当一个人的自身工作或者人际关系总是出现问题时，他的健康状况很可能会问题频出。例如，经常患感冒、咳嗽、无力等，即使说不出来有什么毛病，也会常常觉得自己头晕、厌食、浑身疼痛等。

总体上来说，那些由于压力带来的焦虑而导致身体出现状况的人们，经常会感到无精打采。而这种无力感，又会进一步影响到他们的工作效率和整体业绩表现。虽然需要承认每个人体质不同，但对于大部分普通职场人来说，他们的健康状况其实和他们的情绪有着很大关联。

芮的职场经历就是一个值得借鉴的案例。

芮在一家业绩很好的商业银行工作，她负责金融产品的销售。这个部门的工作压力很大，但芮对能够在这里工作感到很高兴。因为她之前的那份工作收入仅仅是这里的一半。

在熟悉了工作环境之后，芮发现，这里的工作节奏相当快。她曾经在数月之间几乎没有过休息日，而根据银行的规定，如果员工能够在节假日加班，是可以享受高额加班费的。这显然刺激了芮，她根本不愿意浪费自己挣钱的机会，因此更加努力地加班。

虽然芮选择不断加班，但是由于刚刚进入这个行业，她的工作业绩并没有达到理想的水平。于是，芮感到了心理负担的加重，同时，由于自己在几个月中缺乏足够的休息和锻炼，工作强度也较大，她开始在工作过程中不断出现错误。这样，芮的工作评价降低了，同时，她的身体也出现了问题。之前，几乎没有出现过的头疼、背痛、腰酸、消化系统问题开始接二连三地出现。于是，芮只好不断地请假，而这显然是她不愿意看到的结果。

一个人身体是否健康，受到其心理素质、精神状态的影响，同样，也会影响到其心理素质和精神状态。可想而知，像芮这样缺乏健康状态、小毛病不断的职员，即使拥有一定的竞争机会，但和相比起来健康的同事竞争时，也很容易遭到压制和束缚。而当他们面对客户时，缺乏精力的外形也很难让客户产生信任。

因此，职场人在注意调节工作情绪的同时，也要明白身体健康和事业成功的重要关系。身体是成功的本钱，如果想要在人生的努力中获得胜利，最基础的条件，就是通过种种方法让自己获得足够的健康状态，从而面向困难挑战。如果你将原本健康的身体挥霍在不良情绪上，从而导致自己珍贵的成功资本被浪费，那当然是令人痛心而得不偿失的。

针对情绪问题导致的身体健康隐患，国际上提倡运用“3R”原则（即减量化——Reducing，再利用——Reusing 和再循环——Recycling 三个原则的简称）来积极应对，从而做到放松和重整态度。这种方法的核心，在于尽量去避免遭遇情绪上疲劳而导致的身体疾病。通过努力放松情绪压力，适当调整自我的目标和期望，对已经可能出现的健康隐患进行消除，并为自己的健康找到新的平衡。

当职场人感到情绪和健康不稳定时，应该首先调整自己的生活节奏。例如，在休闲时间多参加户外活动、多聊天，或者用其他正确方式适当宣泄自己的情绪。同时，还要注意多摄入 B 族维生素、微量元素和蛋白质、纤维素等。

又如，职场人应该对自己的工作角色重新进行定位，评估自身的能力和价值目标是否适当。一些总是会时刻想着工作的人，还应该多向自己提出诸如“身体健康和事业成功相比，哪个重要”的问题，从而提醒自己意识到问题的程度，并迅速回到正常的生活和工作轨道上。

当然，养成乐观积极的心态，也是对身体健康一种很好的影响和控制。例如，职场人有必要调整和完善自身的人格与性格，能够很好地控制自身的波动情绪，能够做到用积极的态度来迎接工作和挑战，能够对同事之间的竞争做到拿得起放得下的良好态度等。通过这些方法，可以培养和提高自己的抗打击、抗干扰能力。

另外，在职场人注重身体健康保养的同时，如果条件许可，还应该适当地寻求心理咨询师的帮助，或者起码可以寻找机会去参加有关心理学的培训和学习。在国外，许多大企业都有对员工工作压力、工作情绪管理的员工心理援助项目课程，而在我国企业中这样的课程还没有完全普及，但职场人士更有必要多关注自己的身心健康，从而在获得身体健康养护的同时也能够及时消除心理上的小毛病。

工作热情骤降至冰点

热情，对于恋爱来说，是重要的发展基础，而对于职场人士来说，则是更加强烈的推动力。如果你失去了应有的热情，就很难在职场中获得立足并成长。这是因为，依靠工作中的热情，我们才能够释放自己工作中的潜能，形成个人在工作中的坚强个性。依靠工作中的热情，我们才能够将枯燥而乏味的工作变得更加生动，从而让自己在工作的趣味中获得充分活力，并能够积极追求事业。同时，依靠自己在工作中的热情，人们还能够更好地感染同事，从而确保他们对自己能够做到真正的理解支持并借此维持双方之间的良好人际关系。更不用说，任何一个老板都不会忽视那些对工作充满热情的员工，并会考虑给他们成长和发展的机会。

虽然如此，不少职场人却总是会发现自己的热情并不能维持长久。其实，这样的情况并不奇怪，正如同一个人的心理状态不可能总是维持同样稳定的程度一样，人们内心的热情之火，也会随时发生变化，即便是原有的热情，也很容易发生势头减弱的情况。也正是源于这样的原因，我们经常能够看到，很多职场人曾经充满热情地工作，但一段时间之后，其他人就会发现，他们对工作的热情突然毫无预兆地降低了，其工作效率也因此大大降低。而其中最严重的情况，就是一个人会彻底对自身的工作失去热情，原来冲劲十足的他们，完全改变了自己的工作状态，他们会发现自己虽然有充分的精力，但却不愿意集中到工作上，他们的工作效率也开始迅速降低，工作质量则变得难以令人信服。而且，这种情况看起来不是短时间的变化，而是那种难以改变的情况。例如，如果之前他们对待工作的热情像一团火，那么现在这团火已经熄灭，成为了灰烬而无法复燃了。

追究这种悲剧的原因，个人工作的枯燥乏味和不断重复，看起来是导致职业热情消失的主要原因。

韩涛是某文化传媒公司的采编人员。平时，他主要的工作就是和企业、政府、学术界和时尚界的不同名人进行交流沟通。为此，他首先要制订好采访的计划，然后去接触那些采访名单中的名人，并获得对方的同意，然后再和自己小组内的摄影师、文字编辑等安排好工作，协调好采访时间和内容。数年来，几乎每一天的工作都是围绕这样的程序而进行的。

一开始，韩涛觉得自己的工作很有趣，能够和很多名人打交道，他还为此对自己的工作充满热情，不断期待着新的工作项目开始。但是当工作了一段时间后，韩涛发现，自己重复的工作很是无聊。因为他做的工作更多的只是承担和采访对象之间的联系沟通，以及对整个采访过程的协调，而本身采访的内容安排好坏、是否具备特色、是否能够获得成功，和他的关系并不大。因此，他虽然不需要承担太多细节上的责任，但也从来没有从节目的成功中得到多少奖励和荣誉。因此，韩涛逐渐觉得，自己在整个公司中并不是主要人物，别人虽然忙忙碌碌，但都和他没有多大关系。就这样过了半年后，韩涛发现，自己对工作原有的热情不复存在了，他只是按照自己记住的程序来机械地工作，看起来，这样的工作不会有什么变化了。

其实，人和人之间的精神状态是可以相互感染的。如果你能够用热情的精神状态来面对工作，那么自身所面对的工作环境显然会以更多的热情来回报于你。如果你能够将工作当成自身的使命来灌注热情，那么，工作中的成就感和信心就会不断增强，工作过程也会变得越来越顺利。因此，一个对工作已经毫无热情的员工，就会觉得工作是辛苦的、单调的；反之，一个对工作充满了热情的员工，即使他们面对的工作条件不佳、工作量大，他们也不会觉得多么疲惫。

对工作充满热情，是一种积极的工作状态。作为公司的员工，只要你拥有对工作的热情，即使在短期内没有具备高超的才能，也都会从自己的工作中得到应有的收获。

想要更好地投入工作，职场人必须从不同的细节上保留自己的工作热情。例如，职场人不需要为了工作而完全丢掉自己的其他兴趣，自己完全可以在业余时间栽种一些花草，或者在休息日玩玩游戏。其次，职场人可以利用不同的方法来保持自己对工作的新鲜感，例如：可以将自己的名字直接提供给客户（无论是否真的和客户直接打交道），这样，客户在感觉自己需要的时候，就可能直接和你联系，而你也就成为了工作过程中那个比较特别的人。

为了保持应有的热情，当你在工作中取得了一定的成绩之后，还可以随时记下那些工作中让你感到兴奋的事情。这些事情或许并不是什么成功的大事情，但经过积累以后，也很容易让你看到自己努力的过程，并确保你维持高涨的热情。

同样一份工作，有无热情的区别往往很大。前者的状态能够让你充满活力，全身心投入，而后者会让你逐渐淹没于单调的日常工作中，谈不上创新。因此，职场人应该想方设法摆脱缺乏热情的问题，让自己产生更为强大的动力，提高自己的工作效率，并更好地完成工作。

用一切方法（除了工作）逃避现实

一对甜蜜的爱侣走在爱情路上，难免会遇到各种各样的困难。勇敢的人会坚强面对，而有些人则会选择逃避。但逃避就会过去吗？答案当然是否定的。

其实，无论是恋爱还是工作，现实和人们的想象都有一定的差距，这种差距固然是残酷的。但人们看到这种差距的时候，如何面对才是最重要的。一些人选择了用努力投入工作的方法来应对压力，但也有一些人会选择逃避，他们会变得消沉，甚至因此会玩世不恭并通过不同方式来进行自我麻痹。

学员程平，虽然毕业于一所名牌大学，但学的专业却比较冷门，因此换了好几份工作。不久之后，一家商贸公司的总经理招聘助理，程平凭借自己的英语特长，得到了这份工作。

开始工作时，程平对自己的工作充满热情，但不久之后，饱满的热情就被总经理的怀疑给否定了。总经理觉得，程平不太了解公司原有大客户的重要价值，会影响公司原来的业务，遇到原有客户的重要单子，都会交给程平以外的老员工处理，而交给程平的只是做做基础工作，如进行会议记录等。这样，程平虽然工作清闲，但却总感觉自己怀才不遇，有种被人弃置的感觉。情绪低落之余，他选择了用酒精麻醉自己。原先只能喝一点酒的他，渐渐对酒精产生了依赖并上瘾，后来，又在酒吧不断认识异性朋友……

初入职场不久的程平，总觉得现实给了他残酷的打击。然而，当他面对职场中自我倦怠的问题时，并没有采取积极的心态来面对，反而采取了错误的方式进行自我麻痹，只能寻求暂时的身心解脱。但他不知道，这样的解脱带来的必然是未来工作意志和工作能力的减退。而像程平这样的问题，在不少职场人身上都有曾发生过——他们无法真正适应环境，只能选择逃避现实；他们也不知道如何在陌生的环境中利用工作来自我改变，于是干脆依赖不良嗜好来改变自己。总体上说，不愿意适应环境、不愿意面对现实，是职场中一些人最容易忽视同时又最容易陷入其中的忌讳。

应该了解的是，在职场中，每个人想要获得成功，都应该有自己的适应之道，每个人都应该有自己的方法和权谋。那些想要比其他人看得更远的人，必须要做到比他们站得更高；想要比其他人成功更早的人，则要比他们跑得更快。面对成功的机会，只有凭借个人的能力和勇气才能获取，反之，如果没有这样的觉悟，动辄只愿意采取其他方式乃至不良嗜好来逃避，只能导致他们丢掉事业成功的机会，并越来越不适应环境。

分析那些喜欢用不良方式来逃避现实的职场人，可以看到他们往往具有以下共同点：他们大都相当优秀，有着比较成功的过去——无论是既有的学业还是工作经历，都让他们感到自豪甚至骄傲；同样，他们也有着相对而言郁郁不得志的现在，或者是因为人际关系，或者是因为能力缺陷，导致他们在职场上无法充分实现自己的价值，达到自己期望的目标。

但是，这些原因并非职场人应该用来选择逃避现实的借口。在工作过程中，每个人都会有自己的职业理想，但是，真正愿意追随理想并实现成功的人并不多，更多的职场人在追求自己理想的过程中，都被其他影响的因素所打败。更为可悲的是，这种击败他们的因素，并不是其他方面，而是他们自己。具体地说，是他们无法适应周围变化的环境，而只能退缩到工作一味地追求中去，从而彻底和成功说再见。

请记住，或许你曾经是相当成功和出色的人才，但这并不代表领导就必须要看重你。因为即使你很优秀，也并不是唯一的优秀人才，身在职场中，你应该学会改变自身原有的心智模式，学会用积极面对现实的心态来打造自己真正的现实环境。即使目前的现实暂时无法改变，你也应该学会用另外的角度来进行思考，并适应环境，接受所谓的不公平。

综上所述，职场人在面对外界的诱惑时，应把握好以下方法：

首先，应该保持有节制的娱乐，没有正确的娱乐方式，就没有良好的工作基础，这是为职场中的成功者所共同了解的。职场人应该选择一些健康合适的娱乐方式来放松自己，例如高尔夫、保龄球、游泳、健身等运动，既可以排解压力、进行休闲，又能够积累人际关系，保持良好心态。

其次，你应该学会适当地忘记工作，一个人总是牢牢记住工作，同时也意味着他无法忘掉工作中的矛盾和压力，这样，大量的情绪垃圾就会留在个人的脑海中难以排解。正确的做法应该是当工作结束后，就将工作中的一些细节尤其是引起你不快的细节忘记，这样也就不存在利用不健康嗜好来排解的问题了。

最后，职场人还应该注意个人的交际圈子，在工作之外结识的那些朋友应当具有健康的生活方式、良好的生活习惯和正常的生活追求，这样，才能确保自己不会受到不当朋友的错误影响。

觉得工作没意义，自我没价值

当恋情发生危机之后，如果两个人不能积极地改变相处方式，就会逐渐觉得恋情毫无意义。同样，当一个人对职业产生倦怠情绪之后，如果不能适当自我调节，也会产生玩世不恭的心态。

当职场人经常对自己说“工作不好又怎么样”“难道会被开除”“不就这样么”之类的话时，就意味着他对自身的工作价值产生了不同程度的否认，而原有的对工作的热情、对自身岗位积极的投入也开始消退。从根本上来说，当人们对工作产生倦怠情感之后，他们更多的会表现出一种空虚感，那些之前对工作的投入在他们眼中是那么的荒谬，甚至会直接认为自己现在所做的工作都是毫无意义的。

根据世界上通行的职业评价标准来看，对职业所发生的倦怠，包括情绪减退、不认同工作价值和成就感缺失三个指标。这说明，对自身工作价值的否认，正是被认定为职业倦怠的重要标准。而不少人也的确看不到自己工作的实质意义，而对职业前途产生无聊和倦怠的感觉。

事实上，无论身处怎样的工作环境，面对怎样的工作目标，这种情况都是难以避免的。之所以如此，是因为每个人在工作中所受到的影响并不仅仅是个人主观因素，同样也包括客观因素，当他们在组织中工作时，整个组织的工作目标和他们的个人目标之间存在差异，而任何组织的领导者，都会将组织的整体利益放在前列，必然优先考虑整体利益。这就决定了当工作者个人追求的价值和意义与组织利益相关的时候，领导者就会考虑到这些个人对价值的追求，能够为他们安排适当的工作岗位等，并确保通过对他们的鼓励来推进组织利益的发展。反之，当组织目标和工作者个人目标并不完全相同时，企业的管理政策自然会倾向于整体，而无视工作者个人的利益追求。在这样的情况下，如果职场人不能很好地调整心态，就会开始否认自己工作的价值。

晓静对自身工作价值就产生了怀疑。目前，她是一家商务会议公司的文员。当初，在报考大学专业的时候，她选择的是当时比较流行的外语专业，总觉得自己可以有机会在自己擅长的外语方面有所建树，或者是成为翻译者，或者是成为电视荧屏上见过的高级口译员。然而，在毕业之后，晓静发现，自己的工作能力和经验都不足以支撑自己马上得到心仪中创造价值的工作，没办法，必须要先获得一份工作，她只好选择了目前的工作岗位，但即使如此，她始终都在想象自己能够有一天达成目标，甚至做梦的时候都梦见自己已经坐在了口译员的位置上。

目前，晓静在公司的工作主要是负责和客户联系。从她报到的第一天起，老板就直接将她安排去接听客户电话，而且从入职后一连半年也都没有打算要将她调到其他重要岗位上。如此，晓静的失落是显而易见的，在此期间，她虽然也曾经努力争取，但却始终没有得到老板的回应。渐渐地，她开始对工作失去了兴趣，并觉得自己在公司中完全没有价值。又过了半年，她决定辞掉自己的工作。这个决定过于突然，让老板措手不及，他对晓静说："为什么要辞职呢？我觉得你在现有岗位上发挥得不错啊！"但这句话晓静并没有听进去，她已经对自己的能力严重怀疑了。

说晓静是职场中的一个牺牲品，恐怕也并不为过。但是，这种牺牲并非完全来自客观环境，同样也来自其主观上对工作的态度。晓静只是觉得自己工作单调乏味，并产生职业上的倦怠，却并没有客观地评价自己在整个企业中发挥的作用，因此作出辞职的决定也并不奇怪。

在传统社会中，强调每个人都是组织和集体的“螺丝钉”，从某种意义上说，这样的观念虽然有弱化个人作用、个人权益、个人角色的缺点，但也并非完全没有意义。这是因为，任何组织想要在激烈的竞争中生存和发展，需要的首先不是对个人需求的尊重，而是对整个集体的重视。因此，个人在评价自己工作价值的时候，不能完全看自己在其中的收获，而是反过来看他人从你的工作中有怎样的收获。这也正是美国总统肯尼迪所说过的：“不要总问国家为你做什么，而要问问自己为国家做什么。”同样，身处职场中，你也需要在问工作为你提供什么之外，多问问工作为他人提供了什么。如果这份工作没有满足你的需求，但却满足了整个企业、整个组织的需求，那么，就不能否认它的价值和意义。

为了避免出现类似晓静这样的问题，职场人需要做的除了调整心态、全面认识之外，还需要做到以下几点：

首先，学会站在老板的角度思考问题，这是因为如果总是将自己看成个体，那么，职场人就无法去适应现代化社会分工环境下，组织对自己所提出的要求。

其次，学会正确地看待什么是价值。诚然，每个人都希望通过工作获得丰厚的物质回报、良好的精神收益，但问题是并不可能每个人都能从工作岗位中获得这些，所以更实际的方法在于降低自身的欲望需求，从而提升自己在工作中的幸福感。

得过且过，不知道未来飘向哪里

不少人抱怨自己的工作太累，但这样的累并非职场中最容易让你倦怠的，相反，不知道累完以后的结果，才是职场中最大的累。这就如同虽然在恋爱，但却不知道将来是否会有结果一样，会让人更加迷茫和空虚。

虽然当下很流行职业规划，并有相关的职业生涯规划服务，但是不容否认的事实是，不论进行怎样的自我规划，对于你来说，都应该是一个职业发展的大致方向，而并非完全不能更改的。其更改的过程，受到周围环境的要求和限制，也同你个人天资程度、努力程度有着紧密的关系。因此，如果你寄希望于做好规划就能明确自己的未来，恐怕多少会有画饼充饥的危险。

正因为如此，在时下职场圈子中，虽然乐于对自己的工作做出规划的人很多，但是真正知道自己将来要做什么、会做什么的人却并不多。相反，不少人都有着这样的困惑，他们大都是在现有的环境下，抱着走一步看一步的工作态度。一方面，他们渴望自己能够通过努力获得更好的发展环境，但另一方面，当机遇实际上到来的时候，他们又因为缺乏准备而表现得相当茫然，从而丢掉原本可以有的更好的未来。

究其原因，是因为当一个人对自身的职业产生倦怠情绪的时候，无疑很容易不再继续对目前工作做出努力，而这样停止努力，又会导致他更加得过且过，不愿意追寻原先的规划，停止对自己憧憬的未来进行付出。在这样的茫然之中，许多人的青春就被不断地消耗着，那些原本意气风发的青年职场人，会在更加不确定的心态下走向自己的中老年，一生的时光就这样在期待中度过。

实际上，当一个人因为职业的倦怠而丢掉自己对未来的明确感时，他通常就难以继续在这份职业中找到自己的未来了。当出现这样的问题后，他或者可以选择换一份工作，但更现实的态度则是重新调整好自己看待工作的眼光，改变自己应对工作的方法。

唐莉在一家公司工作已经快一年了，然而，她目前的工资收入还是在公司末流，也得不到老板的重视。因此，唐莉觉得自己的未来很迷茫，想要跳槽，却觉得自己没有什么突出的工作经历，担心跳槽了以后也无法找到更好的环境，而留在这里却又觉得于心不甘。

不久后，唐莉将自己的问题和大学时候的老师倾诉了，老师告诉她，太多考虑未来，反而会让自己对未来的把握感更加缺失。她现在所要考虑的并不是未来，而是先要静下心来，好好学习工作业务，包括熟悉企业的产品、了解企业的架构、掌握工作中的营销技巧等。经过老师这样的提示，唐莉发现，自己的确需要做好现在的事情，才谈得上规划未来。

在接下来的半年中，同事和老板发现，唐莉有了明显的变化。她的工作开始突出重点，销售业绩也开始有显著提高。又过了半年，唐莉发现，老板对自己越来越重视，并且给出了加薪和升职的承诺。现在，唐莉对自己的未来已经确定了。

在上述案例中，一开始，唐莉只是茫然地对职业产生倦怠，她在公司中不求无功，但求无过，因此也就很难看到自己的未来。而当她能够走出自己的小圈子，能够通过努力为集体带来利益之后，也就自然收获到了成功，看到了自己的未来。

其实，看不到自己未来的员工并不是好的员工。他们之所以看不到工作的未来，很大程度上和自己对待工作的观点有关系。当一个人没有具体规划，或者虽然只有规划却没有积极的工作态度时，也是难获得他人的好感的，这种缺乏贡献的员工，自然在企业中难以获得未来的空间。只有当你努力地做好现在的事情，为企业作出积极的贡献，当好企业里的骨干，成为人群中的精干人才，才能将对未来的规划落到实处。

怎样才能通过这样的改变来明确自己的未来呢？作为员工，应该做好下面几个方面。

1. 要在工作中更加职业、更加成熟

当有了工作任务之后，应该做到积极主动和努力进取，并履行自己的工作职责，勇于负责，从而成为企业中独当一面的角色，力争做到为他人解决问题、创造价值。这样，他人乃至整个企业的未来就会和你的未来紧密联系，也就意味着你的未来会更加有保障。

2. 要在工作中创造出更多的价值，打造出更多的成果

职场人之所以无法确定工作的未来，在于只求将工作做完，应付结果，而不是产生成果。反之，如果将工作的质量予以提高，贡献出成果，那么，自然能够感觉工作是整体连贯的，能够积极推动的。因此，一个优秀的员工不能仅仅满足于产生结果，而应该积极提供成果。

3. 要在工作时不断充电

想要获得明确的未来，就要让自己不断充实、不断变化，否则就很容易落伍而被淘汰，导致成为可有可无的边缘人。这就需要你不仅要展望未来，更要沉下心来补充自己的知识和技能，做到努力进取并不断坚持，才能避免被他人代替。

明确自己职业的未来，是一个人在职场中可以长期稳定发展所必需的。想要不安于现状，能够积极工作，就需要从小事做起，才能体现出自己的价值，并彻底告别职场倦怠情绪。

爱让人糊涂，连分手都不清楚原因

——找到不爱症因是走出倦怠的开始

没有成就感与控制感

陷入爱情里面的人会变得糊涂，或者说，是爱让人糊涂，糊涂到有时连分手都不清楚原因。而在现实中，许多职场人也总是糊里糊涂。

为什么你会在工作中产生倦怠感？相信很多人也问过自己这样的问题，但是他们中不少人并没有得到清楚的答案。如果寻找这些人的共同点就能发现，工作中缺乏成就感和控制感是他们不再对工作有爱的重要原因。

任何一项工作，想要做好，必须对之有充分的情感，而获得这样的情感，就需要依靠充分的精神力量和内在力量去推动。这样的精神力量和内在力量，就来自于工作的控制感和成就感。

要弄清楚什么是工作的控制感，需要分清楚工作任务的类型。可以说，职场中主要包括两种类型的工作：一种是工作者被授予具体的工作任务，并得到了明确的指示去对工作加以完成，同时，工作一旦出现问题时，会很快得到提醒、批评和警告；而另一种工作则与此相反，职场人只是得到需要具体满足的目标或者需要解决的问题，由他们自己决定究竟应该如何完成。一般来说，有着丰富经验的工作者更希望完成后一种工作，因为他们能够在这样的工作中更好地控制自己，而不是单纯地服从指令。但问题是，组织中必须要完成前一种工作，而如果你经常面对的是前一种工作，则有可能感到，自己在工作过程中完全扮演着可有可无的角色。这样，工作的控制感就失去了。

同样，工作的成就感虽然是许多人都在努力找寻的，但也并不容易轻而易举地来到职场人面前，反而容易在工作中失去。所谓工作成就感，是指人们在自己的工作岗位上努力刻苦并取得成就之后，得到上司和同事的肯定和承认并由此产生的良好自我愉悦感。然而，和控制感一样，当工作迟迟无法获得足够关注时，职场人也经常会觉得自己无法寻找到成就感，并难以坚持不懈，这就容易导致他们产生工作倦怠。

例如，以下情况经常导致职场人感到自己没有成就感和控制感：

小罗产生职业倦怠已经有一段时间了。

之前，小罗上交的工作结果总是要等不少时间才能获得回馈结果，在这段时间内，他不知道自己究竟做得对不对，也不敢自己妄下结论；同时，小罗觉得，自己的上司不太愿意对自己的工作进行评论，即使他自己觉得做得不错时，也得不到想象中的夸奖，因此，很多时候，小罗甚至觉得上司根本没有看他的工作报告。

由于上司给出的反馈时间比较长，小罗觉得自己没办法根据他的建议对工作进行改进，结果，他总是怀疑自己的工作难以让上司满意。为此，他开始感到自己的工作对整个部门和企业都没有产生什么积极影响，而自己对公司也毫无用处。

其实，像小罗所在的这样的企业，由于缺乏反馈，导致员工缺乏控制感和成就感的现象并不算奇怪。换句话说，身处职场，如果自己不能在工作中找到控制感和成就感，产生职业倦怠的可能也就相当大了。对职场人来说，最危险的也莫过于此——由于成就感和控制感的缺失，不少人在外界眼中有着不错的工作，但自己却始终觉得工作有个巨大空洞，而不知道如何填补。

不妨分析一下导致职场中缺乏成就感和控制感的具体原因：

1. 拥有过多的完美主义

对于追求完美的人来说，无论自己还是外界，只有完美的工作结果才是能够让他们接受。因此，任何工作任务，即使是客观条件限制，或他们自身能力有限，只要结果不是最完美的，他们也很难接受。而如果因为其成果不够完美而被上司批评乃至暗示，完美主义者也会感到毫无成就感和控制感，并认为自己的确难以胜任目前的工作。

由于职场中没有人能够真的永远保持完美，因此，过多的完美主义会让员工对自己总是抱持着过分挑剔和批判的态度。这样的心理暗示，会让他们逐渐感到情绪低落、缺乏信心，同时也感觉前途渺茫。

2. 感到缺乏回报感

无论是缺乏成就感还是控制感，其本质的原因在于一个人投入工作之后，认为自己没有得到足够的回报。一般来说，许多职场人在参加工作之前，都已经接受了很长时间的学校教育，而这种教育让他们相信，只要对一件工作有了努力，自己就应该从中得到回报与认可。因此，一旦他们感觉职场环境中没有表现出这样的必然，就会觉得自己缺乏回报和重视。

3. 员工感到自己大材小用

事实上，近年来，随着高校的扩招，越来越多的高学历者加入职场，所谓的“大材小用”情况也就屡见不鲜。由于这些原本对自己的学习有很强成就感和控制感的员工开始面对工作，也就不可避免地或多或少觉得自己正在从事低于自己能力的工作，并因此产生焦虑和倦怠。

总之，成就感和控制感的缺失，是导致你和工作之间的“恋情”无法继续下去的重要原因，想要进行破解，必须从源头做起。

纵向横向人际关系频频失误

恋爱关系如同一张网，将相恋的两个人的心紧紧网住。如果有天这张关系网破裂，彼此的心就有了距离，很可能两人的关系也出了问题。同理，职场中的人际关系如同一张相互连接着的隐形网络，而其中大多数人身处在网络中间不同的位置，必须要面对纵向和横向的人际关系。当这样的人际关系网因为失误而开始破裂的时候，也就是你对工作的情感开始停滞并最终破裂的时候。

人际关系上的失误，首先包括下属与上司间纵向的失误。

学员徐林在一家物流公司担任中层领导已经 8 年了，去年，从北京总公司派过来一个新的公司经理，年纪比徐林小七八岁，但是态度却非常严厉，经常不考虑下属的工作程度，就临时通知他们加班。徐林是部门经理，他的几个员工有的还没有成家，有的虽然成家但还没有小孩，加班这样的事情可以接受，但是徐林自己家里却上有老下有小，很多事情一起发生，再加上加班，让他感到焦头烂额。

除此之外，影响他和新上司关系的问题还源自于后者的态度。徐林很喜欢和原来的上司打交道，因为不仅他们年纪相仿，原来的上司对他也比较信任和尊重。然而，新来的上司并非这样，他进办公室从不和徐林打招呼，而有些时候因为工作上出现的失误，上司则经常会在同事和部下面前大声批评徐林。公司这样做似乎还嫌不够，每次工作上有一点小小的错误，徐林的部门都会被新上司反复在会议上点名。

徐林曾经想过，大不了不干了，重新找一份工作。但是，他一想到现在家里需要钱，而重新找一份相对满意的工作也不容易，于是就忍了下来。但和上司的关系，却怎样也修复不好。

在徐林的职场体验中，一方面，新上司对他的态度的确存在问题，不太体谅和理解下属，所以徐林才对上司产生了比较强烈的对抗情绪。但更为深入的矛盾是，在徐林心目中，和上司的关系恰恰是受到他重视的，被他看作关系到个人职业生涯发展的重要因素，所以才更加为之焦虑不安。

同时，如果徐林继续这样积累对上司的不满，他很可能由于内心的压力过大和缺乏正常的缓解渠道，导致和下属之间的关系也变得紧张起来，造成下属和自己的纵向关系也会发生负面变化。而这样的问题也可能发生在横向的人际关系上。

其实，和徐林相似，许多职场人之所以失去了工作的积极性，首要原因就是纵向的人际关系紧张，例如无法适应新上司，或者对下属管理缺乏控制等。这样的问题会引起他们精神上的不安，进而造成工作动力的低下。

然而，在职场中大多数人想要依靠个人的努力，去改变对上司的想法，恐怕是相当困难的。即使你已经成为了领导，想要完全控制下属的个性也同样比较困难。如果能意识到这一点，就要承认自己需要适应周围的环境，尤其是当你身处于一个人际关系可能不容易控制的环境中，就更应该通过这种方法保证自己不会因此而产生职业倦怠。

如果的确有能力跳槽，到更好的环境中发展，那么职场人是可以考虑通过这种“简单直接”的方法来更换人际关系的。但如果你和案例中的徐林一样，缺乏直接跳槽的可能，就应该依靠自身努力来解决问题，做到自我改善和调整。

1. 你可以设法暂时忘记那些引起较差人际关系的因素，甚至干脆请假离开单位几天

在这几天中，不妨试着多进行反思，考虑不佳的人际关系中，是否自

己的主观原因在其中。尤其是在对待下属和上司的态度上，你是否存在着有可能引起他们不信任的可能。当这样的反思结束之后，你还可以通过和他们的交流，做到关系的缓解。

2. 暂时回避那些你无法确信自己能够很好相处的上司或同事

对这样的上司和同事，你要做的就是尽量减少工作中接触的机会。等到自身调整好心情，并具备了应有的工作积极性之后，再逐步增加接触次数。这样，无论是纵向还是横向的人际关系，都能让你有良好平和的自我心态，并从职业倦怠的状态中恢复。

3. 即使你无法化解人际关系中的矛盾，也要学会耐心等待

"物以类聚，人以群分"的老话并非没有根据，无论任何人在任何组织中，都有可能面对自己不喜欢的人或者不喜欢自己的人，这和你会遇到能够积极相处的领导和同事一样正常。如果"不幸"发生了人际关系矛盾，不妨学会必要等待，或者是随着时间的流逝，矛盾能够得到缓和，又或者是环境自然的变化会让这样的关系不复存在。

无论是在生活中，还是在工作中，人际关系都会影响我们的情绪。最重要的是，职场人要认识并理解这一点，对可能出现的问题泰然处之、理性对待，就能够避免由于这些正常问题而导致的错误情绪了。

以自我为中心，全世界只看得见自己

有这样一种说法，之所以目前年轻人恋爱分手率不断提高，除了社会的客观环境影响之外，还在于今天的年轻人更加容易以自我为中心。

平心而论，将自我当作中心，其实是很多不同年代、不同工作的人都可能产生的问题。如果没有自我，那么，世界的客观性也就缺乏意义了。但是，当一个人的自我意识过盛，乃至认为全世界都应该关注自己，或者

认为全世界中只能看得见自己，就很容易因此而失望并导致生活或者职业上的倦怠了。

下面是某位年轻的职场人的自述：

我跳槽到这家公司工作已经有4年了。这4年来，我主要负责技术工作，从来没有出现过什么失误。而上司布置的技术开发任务、每年的研究开发项目，我都是认真完成，哪怕是加班加点，中间的报告结果也都是按照要求提交。除此之外，公司还多次要求我为了开发项目而加班，虽然家里有事，但是我还是想尽办法履行职责，从没有找理由拒绝，更不会在下属和同事面前抱怨。总的来说，我觉得自己在企业里面，如果不能算是劳苦功高，也算是任劳任怨了。

当然，公司一开始对我也不错。在我们同时应聘进入企业的几个人中间，我是最早担任项目负责人的。而从我担任项目负责人以后，我对工作的投入更多了，研发的成绩也是很明显的，在我身处的部门里面，大多数人都觉得，我应该是部门主管的有力竞争者。然而，从最开始担任项目负责人到现在，都已经三年多了，按照我对企业所作出的贡献，早就应该得到晋升了，但事实上却没有。

去年年底，按照惯例，又是公司进行人事调整的时候。在这段时间，我总是很紧张，后来实在无法按捺，找了人去打听情况，事实是：公司高层承认我的技术能力，但认为我的领导能力很一般。这让我非常怀疑，到底公司上层对我是不是有什么看法，或者是因为我没有给关键人物送礼走门路？

反正，从此之后，我的个人工作状态就完全不对了。我总是会想关于自己的事情，工作注意力集中不起来，也不喜欢加班。而且，我也发现，不少人因为我迟迟不能获得提升的事情，背后对我评头论足。很多时候，为了一点点小事情，我就会对下属发火，而且我经常会考虑，自己什么时候能够离开这种企业。

像这位年轻人一样，尤其注意在职场中他人对自己做出的评价和态度，同时对此结果非常敏感，正是个人的自我意识过盛的表现。

什么是自我意识过盛？自我意识过盛就是指一个人在生活或者工作中，对自我的存在过分放大，他们或者总是觉得自己应该受到别人的重视，或者是因为过于在乎别人的感受，而导致自己的言行发生变化，又或者总是用自身的认知程度来对外界做出干涉等。体现在职场上，有这种倾向的人，其工作业绩如果比别人存在某些突出方面，就会形成相当乐观的自我评价，而产生良好工作积极性和很高的自信心，并导致他们经常会具备自我欣赏的理想主义。然而，一旦他们这种思想上的泡沫破灭，就很容易产生心理问题。例如，他们会过分在意上司和周围人对他们做出的评价，乃至过分怀疑、情绪不安。又如，他们对自我的评价也经常会过高，导致对自我的期待脱离了客观的现实。

事实表明，自我意识过盛，将自我作为中心，是很多职业倦怠发生的问题根源。当职场人遭遇到这样的问题时，不妨学会按照下面的方法来进行自我调整：

首先，反复强化自身积极的心理暗示，应该提醒自己走好自己的职业道路，而不是去在意和关注其他人的想法。你应该告诉自己，事实是无法改变的，但每个人看待事实的视角是存在差异的。

其次，如果职场人发现自我意识正处于职业发展的阶段，就更应该重新确立自己的理想和目标，并积极重建自己的职业信心，积极对自身的职业视野进行开拓，看到职业发展中更多的除自我以外的因素。

最后，当你试图进行自我评估的时候，一定要注意到他人对立的评价，并对这些评价进行合理、客观的分析和理解，而并非带入感情进行过于主观的评价。

没有自我的人，在职场上当然无法得到尊重和发展，但过于自我的人，显然在职场上会更加失败。因此，学会如何摆脱过多的自我意识，将能够有效帮助我们在职场中远离倦怠，得到更多的收益。

职位晋升——想说爱你不容易

对很多恋爱中的人来说，说爱你并不是一件容易开口的事。那么工作中的职位晋升呢？它的确是能够引起职场人兴奋点的一个刺激要素，但也并非易事。在企业的领导者看来，晋升是一项有效的方法，能够提高员工的工作积极性，而在员工自己看来，通过晋升，能够获得更好的工作环境、更大的工作平台，从而发挥个人更高的工作能力。但是，从另一角度来看，职位晋升也同样是造成工作懈怠的“罪魁祸首”。

对于一部分职场人来说，他们长期得不到职位晋升而造成自己工作上的懈怠。例如，由于得不到期待中的晋升，他们会感觉自己过往的付出迟迟没有获得承认，抑或觉得自己得不到应有的回报而只是被利用者。又如，其他人所获得的晋升，会给原本期待晋升的职场人以很大压力，导致他们故意拖延工作任务、降低工作效率或者不在原本应该配合的工作中努力协作等现象的发生，最终形成其工作的倦息。

而对于另一部分职场人来说，成功的晋升，同样也会导致他们工作上的倦怠。这听起来似乎令人难以接受，但事实的确如此，正是因为成功的精神，导致职场人认为自己的能力已经被认可、上升空间已经被缩小、承担的压力已经足够大等，并因此陷入倦怠的怪圈中。甚至有些员工，一旦看到晋升希望时，反而会导致自身工作出现倦怠问题。

在某公司担任销售员工的老朋友孙畅就有这样的烦恼：

孙畅告诉朋友，自己部门原来的销售主管辞职了，为了应对这样的事情，公司老板找他谈了好几次，说要将他提拔上去。然而，孙畅自己却相当不情愿，他虽然不好明确说，但心里面却真想告诉老板：千万不要提升我。

孙畅有这样的想法，让他的朋友感觉匪夷所思，他们说，职场中不都是踩着其他人的头往上爬吗，为什么你就不愿意升职？

对此，孙畅解释说，自己在这家企业负责销售工作已经 5 年了。依靠自己的能力、人际关系和工作经验，他从最开始的业绩排名在全部门倒数，做到现在的得心应手，每个月的业绩排名都比其他同事要强，始终在前三位范围内。由于工作业绩好，自己的薪水也有了很大的提高，现在，每个月工资、奖金加提成能够拿到两万多。这样的薪水，比起公司原来的那个销售主管还要高一点。

“那如果当了主管呢？”

孙畅直摇头说：“如果当上主管，看起来不用出去跑销售，可以坐办公室，薪水变化也不大。但人可是累多了。比如，上班的时候不能出去跑，没有自由，几乎每天都要参加公司会议，还很容易利用自己的业余时间；大多数工作时间都要面对严肃的大老板，感觉很压抑；周末还得经常带着人加班，而且老板有规定，普通员工加班可以享受之后的调休，一旦成了领导，必须要以身作则不能调休……”

当然，孙畅还没说出来的是，他并不喜欢对一个团队负责。现在，凭借他自己的能力，拿到的薪水也很高，但当上主管以后，就要面临管理一个团队的问题，责任相当重大。团队业绩的好坏，更是会直接影响到自己的薪水。

像孙畅这样的员工如此看待晋升的视角，在传统观念中似乎并不多，但随着工作压力的增大、工作竞争的激烈化，类似情况将会越来越多。晋升，已经并不仅仅是一种促进因素的力量，如果不能正确看待晋升，很容易导致对晋升“爱不起”，也“伤不起”。而正确处理好晋升带来的问题，便成为预防和解决工作倦怠的重要方法。

职场人应该认识到，晋升并不仅仅关乎金钱和职位，它同样代表着自我发展和学习的机会。在新的岗位上，你能够获得更多学习和锻炼的机会，同时，你也将接到更多带有挑战性的工作任务，这一系列改变或许在短期内不会给你的工作生涯带来多少积极影响，但从长远来看一定能够让你的工作更加优秀和出色。因此，职位晋升不应该成为你工作懈怠的原因。

现实中，职位晋升的确有可能带来工作的懈怠，但职场人应该有这样的职业素养和承受能力，去面对晋升之后所带来的压力增加的可能。为此，职场人有必要让自己作出应有的改变，去面对有可能到来的晋升：

首先，职场人应该树立长远的职业发展目标。像孙畅这样，只是满足于目前的薪水和轻松，而不愿意承受未来发展的代价，显然并不足取。这是因为职业生涯不可能一成不变，面临更多的是未来压力，而为此，你需要在今天就提前做好领跑准备。

其次，还应该为晋升做好准备，包括技术上、知识上、个人性格上和工作经验上等。

最后，在晋升完成之后，应该随时用更高标准要求自己，做到更好地完成新岗位上的新工作。

负荷太重、竞争激烈导致压力山大

对于那些刚刚陷入爱河的年轻人来说，有了新的异性，是一种在朋友圈子里面炫耀的资本。同样，对于那些刚刚进入职场参加工作的人来说，他们也喜欢“显摆”自己有多忙，例如他们是如何在公司不断加班，老板是如何将那些很重要的工作交代给他们，自己又是如何经常帮助其他同事做一些重要的事情等。从此时刚刚面对职场压力的年轻人口中所传出的，是对自己承担了责任的兴奋，但在经过一段时间后，情况就发生了变化，从不少职场人口中传出的是抱怨和烦恼，长时间的忙碌工作已经开始影响到他们的工作积极性，而激烈的竞争更是为他们思想上增添了较大的压力。

事实上，工作负荷太重、竞争过于激烈的情况，在许多人身上都有所体现。

例如，不少身为员工的职场人都为了完成工作而加班到深夜，他们也同样会因为工作而放弃周末和节假日，并觉得工作已经很大程度上影响到了自己的个人生活。

又如，一些职场人感到，自己的工作量太大，上级分配给自己的工作任务太多，每天的工作总是接踵而至，时间也不够用。

更进一步的程度是，工作已经成为了职场人难以忍受的负担，和自己的辛苦付出相比，职场人认为自己获得的回报越来越小，而自己从工作中也难以得到什么成就感。

分析一下各种原因就能发现，工作负荷过重、竞争激烈，其中不乏客观原因，但在主观上，人们一开始都是因为对未来有所预期、希望能够得到加薪提升，而主动投入这样的工作中。在这样的阶段中，职场人会觉得即使加班辛苦，也是值得的。但是，过一段时间之后，有些职场人显然对于自身工作的热情有所下降，但上司依然对他的工作速度、工作质量形成固定的赏罚习惯，在这样的情况下，职场人就会认为，上司布置的工作越来越多，自己越来越辛苦劳累。

如果职场人不能改变这样的状态，那么，他在工作中的压力就会不断地被累积而难以释放。另外，他们很可能从进入职场开始，就没有学会如何释放压力，也没有预料到工作热情减退之后必然随之增加的工作负荷和竞争力度。这样，时间稍长，就会产生职业倦怠。

通常情况下，感觉工作负荷加重、竞争激烈化包括以下三种情况：

1. 感觉工作没有尽头而且不断重复

在目前职场中，不少人还是会从事那些刻板、单调和重复的劳动，他们感到，这些工作既没有明确的开始时间，也没有明确的截止时间，只是因为必须要不断有人从事，自己才不断地在操作。例如，办公室文职或者服务业从业人员，都会或多或少地有这样的感受。对于这样总是在从事重复性劳动的人来说，如果经过了努力，他们的工作职位和薪水却没有得到改善，那么他们就会产生烦恼，并可能想要通过拖拉工作进度来满足自身缓解压力的需求。

2. 难以完成的工作任务

所谓难以完成的任务，是指那些的确很明显无法按照要求完成的工作任务。例如，缺乏必要资源的工作、截止日期并不合适，或者个人的工作能力没有达到等，都会导致职场人感到自己的工作是难以完成的。如果职场人经常遇到这样的工作时，他们就会产生很强的挫折感，感觉自己面临的竞争和承担的压力都过大，甚至会因此萌生离职的想法。

在这样的工作任务中，最容易让人感觉到工作压力的还是那些难以面对的客户。在大多数行业甚至包括教育、医疗和政府部门中，职场人都容易遇到一些需要花费大量时间和精力去应对的客户。有时候，职场人会委屈地发现，无论自己怎样努力，也不管自己付出了多少心血，对方都不能接受自己的方案。

有位专门做热水器维修的业务员工，他对自己的工作已经兴趣不大，其原因就在于连续几次碰到的客户难以沟通，无论他怎样解释是他们使用的方法有问题，但这些客户还是坚定地认为问题在维修过程上，并且进行反复投诉。这样，虽然这名业务员工技术精湛，但还是感觉难以应付。

负担太重、竞争激烈，的确是目前职场人所感觉到的通病。解决这种通病的根源在于，职场人首先应该主动去认识其根源，并寻求破解的道路，而不是甘愿受其威胁，并最终影响自己的职业成就感和愉悦感。

职业恋爱失败的长期煎熬

工作，犹如和职场谈一次恋爱，其中最大的长期煎熬来自于选择的失败。如果一开始就没有选择好正确的恋爱对象，那么，接下来的迷茫、痛苦和压力也就不言而喻了。

曾经有家杂志对部分大城市 60 岁以上老年人进行抽样调查，调查的题目主要是曾经的生活中最后悔的事情是什么？其中选项包括“年轻时没有好好努力”“年轻时选错了职业”“没有珍惜家庭生活”“没有善待自己身体”等。其中，有将近 65% 的人选择了自己在年轻时选择错了职业，选择这个选项的比率高达第二位。

同他们一样，今天不少职场人之所以感到工作中有着无法避免的懈怠感，其深层次原因很大一部分在于他们一开始就没有对职业进行正确定位和选择。如果能够做到选择好适合自己的职业，或许和工作谈恋爱就不再那么辛苦了。

鲁契亚诺·帕瓦罗蒂，是意大利著名的男高音歌唱家，当他后来回顾自己是怎样走向成功的时候，说过这样的故事：

当帕瓦罗蒂还是孩子的时候，他的父亲只是普通的面包师，由于他爱好唱歌，便教小帕瓦罗蒂学习歌唱，并指导他学习发声、培养唱歌的基本功。后来，有位叫做阿里戈波拉的专业歌唱演员，表示愿意收帕瓦罗蒂当学生。那时候的帕瓦罗蒂已经在师范学院读书，即将毕业成为一名教师。于是他去问父亲，自己究竟怎样选择职业，是当教师还是成为歌唱演员？

对此，帕瓦罗蒂的父亲用了一个比喻来回答他：“如果你打算去同时坐到两把椅子上，你就会跌倒在两把椅子中间的空地上，在面对工作时，你应该选择一把最适合你的椅子。”

此后，经过深思熟虑，帕瓦罗蒂将唱歌作为自己的终身职业。然而，他的职业生涯并不顺利，其中还经历了不少失败。帕瓦罗蒂忍受了这些失败的痛苦，从未对自己的职业产生倦怠，在七年之后，他才第一次正式登台演出，而此后又用了七年时间，他才得到机会进入大都会歌剧院工作。

帕瓦罗蒂的职业生涯说明，一个人想要获得成功，在择业时就要做到慎重思考，选择最适合和自己长期“恋爱”的工作。相反，如果他们只能看到短期利益，或者因为害怕面对现在的压力，过于随意地挑选了一份工作，那么，职场人必然会在未来受到“惩罚”——他们将会因为和这份工作原本就存在的不合适，而导致对工作情感上的倦怠。

事实证明，你应该从事自己喜欢的、合适的职业，尽量避免因为择业失败而让内心饱受煎熬。

首先，在择业之前，甚至在走入职场之前，你应该先观察、评价哪些工作和岗位符合自己的个性特点，并结合自己的气质、禀赋和性格来选择职业。

其次，结合个人的经历来选择工作并树立目标，而不是根据他人的成就来选择你的工作岗位。

最后，如果你发现自己从事的工作从一开始就并不适合自己，那么你要做的是冷静和理性分析自身同工作的关系，寻找有没有可以改进的空间，如果的确没有，那么不妨鼓起勇气，趁自己还有时间，去开始一段新的“恋情”。

对工作的兴趣如一潭死水

共同的兴趣、话题是让爱情保鲜的秘诀。工作也是一样，你是否想过，自己真的对工作有兴趣吗？这个问题，如果是职场人问自己，则难以回答。而工作倦怠的重要原因，正在于此。当一个人从事的工作无法和他的兴趣相辅相成，他自然不会在工作中得到更多精神上的满足，对待工作的态度也就像一潭死水般缺乏生机。

缺乏对职业的兴趣，表现在具体方面，就是指一个人的工作注意力没有被他所从事的职业所吸引，而在工作的过程中，他的行为是被动的、缺乏快感的，同样也是缺乏指导性和倾向性的。这种表现会很快成为他消极被动的工作情绪，并表现为不良的职业心理现象。

比如，不少人在工作的行为过程中，缺乏足够注意力，原有的积极主动性基本消失，而工作的知识相对贫乏，对和职业无关系的事物却有较大的兴趣等。还有些职场人对自己所从事的工作并不感兴趣，对本行业的相关信息不去主动了解，工作愿望较低等。

邻居贺先生是正式的银行员工，三十出头，在他人眼中，正是干事业的黄金期，但贺先生并不这样看自己。一方面，他知道自己现在的这个工作值得珍惜，但另一方面，他又觉得自己工作的动力不强，从事的工作根本不适合自己。

从大学金融专业毕业后，贺先生就加入了目前这家商业银行。当时，他并没有走什么关系门路，完全是靠自己的学习背景和工作能力竞争取得工作职位的。上班十来年，他每天都觉得自己在做同样的事情，虽然有时候也会负责带几个年轻的实习生工作，但是其工作的内容也只是每天数数钞票，然后通过窗口递给储户，这样的工作让贺先生觉得文凭毫无用处。

更不用说贺先生所在的柜台组中，很多储户都是女性，在与她们打交道的工作气氛中，无论是兴趣还是矛盾，都让贺先生感觉无聊乃至厌烦。为此，他只好将自己在工作圈子里面的人际关系封闭起来，不和他人沟通。这样，他每天只能做单调的业务工作，让他一到下午就感到头晕眼花、腰酸背痛。

有朋友曾经问他，当初进入银行这样的环境工作，是不是他自己选择的。贺先生解释说，当他高中毕业的时候，金融专业非常吃香，本身既热门又难考。当时，他的想法比较单纯，纯粹是为了证明自己的能力，加上父母的支持，才报考了金融专业。但其实自己并不了解银行的具体工作，甚至在就业前也不认识任何一个在银行工作的朋友。后来，到了银行工作，感觉不合适，也只能将错就错了。

像贺先生的这种经历并不少见。一般而言，之所以对职业并不感兴趣，却又从事着职业的原因，主要有下面几种：

首先，学习期间之所以选择某个专业，主要动机并没有在将来就业上，而只是为了录取。在就业之前，也没有根据自身已经具备的兴趣、才能和性格特点来选择。

其次，一些人并非对行业本身的知识和技术不感兴趣，而是因为对某些行业和职业抱有过高幻想，认为这些行业和职业可以满足自己某方面的较高要求。一旦他们进入了该行业中，发现该行业无法满足其原来的期待，那么他们的兴趣就会发生变化最终失去。当然，也有些行业工作的专业知识、技能和技巧较为困难，学习任务较重，也导致了不少职场人失去学习兴趣。

最后，还有些人过于看重自己原有的兴趣，加上客观条件的限制，如生活来源、家庭经济情况等，都需要他们有一份稳定的工作，因此，他们只能选择暂时放弃兴趣并勉强适应工作。

虽然对职业缺乏兴趣的原因多种多样，但是，职场本身是残酷的，不会因为你对职业如何看待就会对你有更加宽松的要求。职场人必须对自己的兴趣进行认真总结，培养兴趣和工作之间的联系点，并学会用积极、理智和现实的态度来对待职业的兴趣问题。

个人能力与岗位要求成反比

现实中，很多人寻找爱侣时都讲究“门当户对”，认为两个人能力相当才会有更多的共同语言，便于今后交流。同样的，在工作中，我们也应该及时排查岗位要求是否与个人能力匹配。

能力，是每个人在生活和工作中绕不过去的一个标签。“能力”一词，广泛地出现在个人口头和社会媒体的表述中，几乎每个人都能对关于不同职业、不同能力的话题发表自己的意见。然而，想要清楚说明能力和岗位的关系，并不是一件简单的事情。这是因为，每个人的能力都是多种多样的，用一两个方面的能力特点，远远无法去概括一个人的综合能力。而职场人的具体能力，也并不是几个方面的总体相加。

但从另一方面来看，职场是相当现实的，同样是一种公平的交易。职场人想要获取好的待遇和条件，前提就是有人认可你的能力。然而，现实并不会总是按照你设想的来，并不会是“我想做什么就可以做什么”，而是“我能做什么才做什么”。正因为一些职场人并没有看到这一点，过高估计了自己在某些方面的能力，过低估计了一些职业对特定能力的需求，到真正和工作进行匹配的时候，就导致了自己产生情绪上的波动，乃至最终不愿意再想工作的事情。

更为严重的是，不少年轻职场人对自己的能力评价，过多地考虑到自己的兴趣爱好。但他们并没有注意到，个人的兴趣爱好并不一定代表个人的能力，很可能是你的兴趣爱好同工作要求符合，但你的工作能力却同工作的要求成反比。

老同学小甘原来是学经济的，但是，他私下里一直喜欢做美术设计，经常梦想自己能够成为一名家居设计师或者是建筑设计师。在上学时候，小甘还成为了他们学校美术兴趣社的社长，在业余爱好者看来，他的绘画功底非常好，设计创意能力比起普通的爱好者也高出许多。

正因为如此，小甘在毕业后，虽然成绩还不错，依然没有去做和自己专业相关的工作，而是通过朋友的关系，辗转到了一家设计公司负责策划。虽然这满足了他的兴趣爱好，但是在工作之后，小甘发现，工作很难如意进行。和其他同事相比，自己的许多美术知识实际上缺乏系统性，工作起来知识体系也不全面，很多工作做起来都是心有余力不足。尽管自己努力学习，但是，似乎在这方面他学习的速度却赶不上要求的速度。经过一年多的工作，小甘感觉自己越来越疲惫，最后，他决定退出这个让他身心难以坚持的行业。

小甘代表的工作者，典型的具有兴趣和动力去完成工作，但是，毕竟他们的能力赶不上工作的需要，甚至和工作的需要成反比。结果，极大地限制了自己对工作的热情。这说明，在工作过程中，不仅要注重自己的兴趣爱好，同时也要考虑到自己的实际工作能力和可以激发的潜力。

下面这些能力是不同职业各自所需要的，只有明确自己在这些方面有多少能力，才能真正做到拒绝职业倦怠：

1. 操作型职业能力

这种能力主要是以操作为主，掌握特定技术并形成专门的职业技术。包括机械、操纵、驾驶、服务等行业。

2. 创意型职业能力

这种能力主要利用想象和创造作为核心，塑造出具体的形象。包括写作、演艺、策划、编辑、美术、音乐等行业。

3. 教科研职业能力

这种能力主要是运用不同手段来传授知识，或者研究知识。包括培训、教育、研究、技术开发等。

4. 服务型职业能力

主要包括利用敏锐的发现能力和人际关系的维持、沟通和协调能力，做好人与人之间的交往，帮助客户赢得心理满足。主要包括商业、服务业中的大量职位。

5. 管理型能力

这种能力需要职场人具有较高的决策能力，可以广泛地取得信息并做出积极应变，做出良好科学的决策。包括管理经营负责人等。

比照上面能力和工作之间的关系，相信职场人能够克服因为能力和工作相反所造成的倦怠，不仅客观评价自身能力，更不会过高估计自己，摆正自己的位置，从容应对工作，拒绝被倦怠侵袭。

下篇

倦怠族自救钻石法则

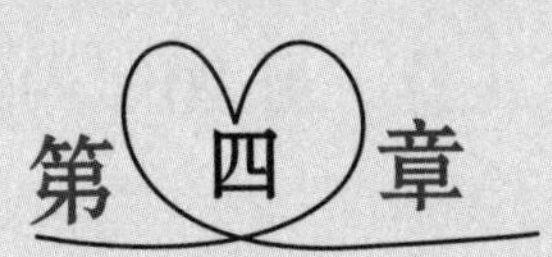

给爱一个延续下去的理由

——倦怠族自救钻石法则之知道为何工作

你为什么工作，正如你为何会爱TA

为什么人们需要爱情？难道真的只是为了给婚姻一个借口和理由？事情当然并非如此，爱情不仅仅有其通往婚姻的一面，更有能够改善人们自身、帮助他们走向成熟、让他们更加包容地看待世界和人生的一面。当你知晓了爱的原因，便会更加用心去爱。

但你想过没有，你又是为了什么工作呢？它可以帮助人们改变和提升自我，最终找到自我？它可以帮你赚钱、养家糊口？

工作能否延续下去，原因就在于你是否知道自己为什么工作。

无论如何，那些只是为了金钱和饭碗而工作的人，很难激发工作中的正面因素，自然也就难以体会工作的乐趣；反之，那些本身就是为了收获成就和快乐而工作的人，才会在不断地满足和实现中得到有效提升。只有懂得自己在为谁工作，才能发现自我并找到自我。

正如同恋爱首先取悦自己，同时才是取悦异性一样。无论你意识到的答案是什么，真正面对“为什么工作”时，你应该注意，工作是因为我们希望从中获得快乐和满足。职场人无须觉得这种想法是肉麻的或者是自私的，其实只有我们真正能够从工作中获得快乐的时候，我们才能忘记工作中种种不快，忘记老板和客户带来的压力，忘记同事带来的竞争关系，只记住自己的乐趣和幸福。

因此，为自己工作，为自己的满足而工作，是让你和工作之间的爱延续下去的重要基础。而这种情感一旦牵扯上太多的金钱关系，反而会让你难以忍受。

曾在一本书中看到过这样一个心理学小故事：

在一个小镇上，一群孩子总是喜欢在一户人家的院子前大声笑闹玩耍，让这户老人感觉难以忍受。于是，他走了出来，开始给这些玩耍中的孩子们分发硬币。老人给每个人发了25美分的硬币，然后对他们说："孩子们，我感谢你们，是你们让这儿变得热闹起来。每次看到你们我都感觉自己很是年轻。这点钱给你们是作为你们辛苦玩耍的感谢费。希望你们能天天来这里玩。"

孩子们一听很高兴，第二天，他们继续到这儿来玩耍，玩得比昨天还要热闹。老人这次只给了孩子们每个人15美分，他说，自己不是什么有钱人，只有很低的退休金，因此只能给这些钱。孩子们虽然觉得比以前少了，但还是高兴地走了。

第三天，老人只愿意给每个来的孩子5美分，结果，孩子们很不高兴，他们叫起来说："一天就给5美分，你怎么能让我们这样辛苦！"很快，孩子们都走了，他们决定再也不去这家老人的院子前"工作"了。

不要以为这是孩子的幼稚，其实，今天很多的职场人都在犯同样的错误。最开始，他们选择进入某个行业或者岗位上，或多或少都对其工作内容抱有兴趣，或者起码是抱有好奇。但是，当金钱因素进入之后，他们从工作中本来应该找到的乐趣再也找不到了。同样，如果每天我们都在想着自己是为了钱而工作，也就一样很难找到动力，自然会感到疲惫。

不妨重新回头审视自己为何而工作，并从中找到自己应该坚持的原因：

首先，职场人应该知道，自己并不应该只是为环境所迫而工作。不少职场人曾经感叹，如果自己中了彩票大奖，就再也不用工作了。但他们却没想到，即便是世界上最有钱的富豪如巴菲特、比尔·盖茨，他们也一样在为慈善事业或科研事业而工作。其实，工作是每个人的本能，而上班只是实现这种本能的一种重要方式。

其次，工作看起来创造的是物质财富，但实际上同时还能创造精神财富。职场人应该意识到，工作可以用来丰富自己的感受、开拓自己的思维，并非只是为了填补自己的钱包。

最后，工作并非仅仅是你自己的事情，更代表着一个人对社会、对家庭所肩负的责任。坚守这样的责任，才是坚守自己的人生角色，才能实现成功。

你可以“极度”认真，不只是玩玩而已

许多人的生活经历表明，能够认真投入一段情感的人，即使最终没有获得想要的幸福，也大都不会为之感到后悔。反之，那些游戏人生，随随便便就开始或者结束恋情的人，最终有可能会失去爱和负责的能力。

同样，有能力和态度去负责、去认真的员工，他们将会同企业有着更加深厚的情感，由他们组成的企业，将会是最具有竞争力的企业。在职场之路中，只有那些可以做到“极度”认真并负责的员工，才能获得成功女神的垂青，获得同事的信赖和老板的重用，并因此而被委以重任。

职场人应该对每一件小事都担负起认真的职责，每天都将细节看在眼里、做在手中，成为最认真、最负责的员工，将企业的事情当作自己恋爱的事情那样认真看待，以认真完成企业中的每项工作作为自己的天职，那么，成功者的位置将会非你莫属。这并非什么玄妙的哲学道理，而是因为只有通过认真，才能做到有所成就，才能超越他人。当认真之后，就能够

对工作抱以高度的负责精神、一丝不苟的工作态度和精益求精的工作效率，从而将事情做好。

认识到这个道理后，职场人就应该端正好自己的态度，打消既想取得进步又想投机取巧的念头，做好一点一滴的小事情，通过实践工作，不断提升自身能力，并为自己和工作的恋爱积累打下坚实的基础。

学员陈辉是某家大型建筑公司设计部门的员工，他经常穿梭于工地和现场之间，帮助对方修改一些工程设计的细节，可以说，工作压力很大，但他依然认真完成，从不会有半点的不认真。虽然陈辉不算强壮，但他还是很认真地投入体力，无论是爬25层的楼梯，还是到野外看现场，或者是去没建好的地下车库，任何工程他都会认真地把自己的预备工作做好。

某天，上级安排陈辉为客户做一个可行设计方案，但时间只有短短的数天。拿到任务以后，陈辉马上就去现场查看，然后开始工作。在这一周内，陈辉推托了一切其他无关事务，甚至关闭了手机，集中注意力在这个方案上。为了这个方案，他连睡眠时间也压缩到了必要的限度，到处收集资料，开发自己原有的创意，并对其中的缺点进行修改。一周后，陈辉将自己辛苦做出的方案交给了客户，虽然有些缺憾还需要弥补，但总体上客户已经相当认可。

很快，公司的领导也知道了这件事情，他们认为陈辉是值得培养的认真员工。在部门经理的推荐下，陈辉成为了部门助理，并获得了薪水的翻倍。经理对陈辉说："其实，你一直以来的工作，大家都看在眼里，你的认真态度，也让我们很欣赏。你表现得很出色，职场就需要你这样的极度认真。"

并非每一个人都能像陈辉这样意识到认真的重要性。其实，如果你没有认真去投入工作，你在上司眼中将永远是平庸无奇而毫无建树的人，即使你凭借个人能力和经验，可以让自己的工作做出一些成绩，但老板依然认为，你的态度限制了你未来发展的空间，也决定了你不可能为公司作出更大贡献，这样，他们依然会将你放在提拔考虑的范畴外。

任何巨大成功的机会，都隐藏在你的每一次“极度”认真中，千万不能忽视这一点。为此，你应该从以下角度去理解什么是认真：

1. 认真是你和工作之间的一种约束、一种纪律

只有认真的人，才是真正尊重企业制度、愿意配合团队工作的人，而并不是那些看起来自有一套、特立独行的人。

2. 认真是你对自己的一种要求

所谓极度认真，就意味着不是把自己眼前和手边的事情做好，认真者还会考虑到工作前后的关系。这种习惯让他在职场中不会只关心自己，还会关心周围的人，成为整个团队中受欢迎的成员。

3. 认真是一种成本意识

认真的人即使只是员工，也会从老板、公司运营维护的角度来考虑工作，他们有可能比会计部门更加考虑成本，而并不是只注重他们自己的收入，而是会考虑雇用方的利益。这样，工作关系才能维持得更好。

如果一个人能够做到“极度”认真，就能更好地在工作中发现乐趣，发现自我的成功，就能克服困难，并达到周围人无法达到的境界，从中寻找到自己想要的回报。

人格因工作而得以升华

人总说，爱情的力量是伟大的，它能让我们的人格因为爱而得以升华。事实上，当你对工作的热爱达到和对恋人一样的程度，你的人格同样

会因为这份热爱而熠熠生辉。

仔细想想，为何要工作？这是因为在工作中，不同的行业、不同的职业和岗位，都意味着每个人要在其中承担一定的责任，意味着责任的产生和落实，而责任本身具有至高的价值，对责任的承担，是一种伟大的人格，在我们对社会、对家庭、对他人所产生的价值中，责任感具有最高位置。为此，我们需要工作，需要人格的升华，也同样需要工作才能实现。

回首每个人已经走过的道路，无论是求学还是就业，无论是家庭生活还是社会历程，人们都能发现，在其中你越是负责地投入到自身所面对的事情中，自已越是能够获得人格上的成熟和升华。

南丁格尔，作为全世界医疗护理的象征性人物，其人格也正是通过负责地工作而升华的。

克里米亚战争结束后，英国的斯特拉特福子爵举行了一个晚宴，人们做了一个余兴游戏，参加宴会的军官们每个人都在各自发到的纸片上暗暗写下一个人的名字，这个人应该是这场战争中的英雄。当纸片被公布以后，每一张纸片上都是相同的名字："南丁格尔。"

南丁格尔原本只是普通的护理人员，但当战争爆发以后，她带着护士小分队来到了前线。在几个小时之后，几百名伤员从巴拉克战役前线被运送回来，而南丁格尔的任务则是在这样的环境中将她的工作做好。尽管当时手中的医疗资源有限，但南丁格尔总是能迅速将被运送回来的伤员安排好。而当多个工作在同时运作时，她自己又会接下更加危险和艰难的工作任务——在南丁格尔开始工作的第一周中，曾经连续 20 多个小时不停地站立着分派救护任务。

有位曾经和她一起工作过的外科医生如此描述：南丁格尔会出现在垂死的重伤员面前，俯下身子，亲切凝视着他，用尽她的不同方法，来减轻这些伤员的痛苦。

而另一名士兵则看到，南丁格尔会和不同的伤员说话，也会向更多的伤员点头、致意和微笑。这样，每个伤员都可以看着她行走时留在地面上的影子，然后各自满意地躺在枕头上睡着。更有士兵说，在南丁格尔到来之前，伤兵所在的地方总是乱七八糟、闹哄哄的，而在她到来之后，那里圣洁如同教堂。

南丁格尔后来被称赞为护理学之母，在她的工作过程中，保持着伟大的人格、宝贵的奉献精神。因为她具有了高度的责任感，体现出了自己伟大的人格，而获得了所有人的尊重。

人格的伟大，体现在对工作的负责上。同样，一个人最有魅力的时刻，在于他承担责任并予以履行的时刻。我们之所以需要工作，是因为在工作的过程中发展和体现出来的责任感，这种责任感承载了一个人品格和能力的发展，同样也是一个人走向成功的必然因素。这也正是为什么大多数事业成功的人，看起来都更加令人值得敬佩，因为他们面对工作时都表现出了自己的人格要素——责任感。

如何保持自己对工作的热爱，并将对工作的这份情感变成人格上的闪光点？职场人有必要围绕下面的要求去履行：

1. 不要将工作和生活割裂开

工作和生活并不是对立的，那些对工作负责认真的人，对生活也往往能够规划得相当完善。反之，工作混乱的人，生活通常也好不到哪里去。职场人应该学会将两者结合起来面对，以重视人生的态度去重视工作，以促进人生升华的视角去看待工作。

2. 注意随时在工作过程中观察自我

一个人在生活中可能并没有那么多机会去找到观察自己的机会，但在工作中，他们人格中的缺点大都会暴露无遗。抓住这样的机会，发现自我弱点，并进行相应的改正，这样，你就会更加热爱自己的工作。

3. 在工作过程中，让自己的人格向更加伟大的人看齐

如果只是将工作看成赚钱，那么，人生的目标也就无非过上发财致富的日子。但这样的目标，显然不足以让你成长为负起责任的职场人，也不足以确保你的工作态度始终是端正的。如果想要做到对工作更加投入、更加热爱，就应该从人格方面着眼，看到那些成功者是如何提高自身人格的，并将之积极应用于自己的工作领域，对他们的成功秘诀进行观察、分析和有效地学习。

智慧的火花是沉迷于工作的动力

如果说爱情的火焰是让彼此坠入爱河的理由，那么智慧的火花则是让职场人投入工作的动力。

从职场中逐渐走上人生顶峰的“经营之神”松下幸之助曾经说过：“如果你有智慧，请你奉献你的智慧；如果你没有智慧，请你奉献你的汗水；如果两者你都没有，就请你离开企业。”从这句话中，能够理解对于员工而言，什么才是企业高层领导所看重的，什么才是他们投入工作的原因，那就是智慧。

智慧型的员工，更容易被组织和领导看中。同样，智慧型的员工，也能够更多地享受工作。当我们在企业中为了集体组织解决难题，创造更大利润时，同时也是在锻炼自己的智慧，发挥自己的能力水平。这样，我们当然会从工作中得到自己的能力进步，并提高自己的业务水平。相反，如果你原本就并不是智慧型的员工，就更要投入工作，依靠工作所提供的机会，不断拓展自己的视野范围，给自己创造更多的磨炼场合，去获得智慧的提升与进步。这既是职场对你提出的要求，同样，也是你自身潜力释放所必须要做出的准备。

认真工作过的人都知道，在工作中，最让人得意的并不是最终出现结果的时刻，很多时候，恰恰是那种看似灵机一动，但内里却蕴涵了长远思考的时刻，最容易让他们感到怦然心动、为之陶醉。这样的陶醉并不仅仅是一种自我满足，同时也是对整个职业生涯的巅峰体验。

例如，在日本企业家稻盛和夫职场生活的早年，就因为智慧的闪光，而完成了工作任务，这让他后来在工作中不断思索和动脑，增添了更强的动力。

当时，稻盛和夫刚刚加入一家公司一年左右后，便接受了一项新任务，就是研究开发一种新型材料。这种新型产品叫镁橄榄石，是一种新型的陶瓷，具有很好的绝缘性能，非常适合运用在高频电流相关部件上。当时，人们认为它用来作为电视机显像管的绝缘材料是最好的，比起当时主要使用的滑石瓷相比，镁橄榄石有着很大的优势，其应用已经呈爆发式的递增。然而，在稻盛和夫开发产品之前，这种材料在合成上没有什么成功先例。不管对于个人还是公司，镁橄榄石产品的研究都是很重要的。

然而，稻盛和夫所在的企业中并没有足够的试验资源，因此他虽然夜以继日地工作，反复对材料进行试验，但却怎样都无法得到理想结果。但是，稻盛和夫在不停地试验下，也终于算是成功了。在成功的那一刻，稻盛和夫感受到了工作的喜悦。

后来，稻盛和夫才知道，成功合成这种材料的，除了他之外，就只有美国的通用电气公司。这种材料很快开发成为产品，并被松下电子工业所看中。但是，在开发成为产品的过程中，新的问题又产生了，镁橄榄石的粉末非常松脆而无法成型，需要添加足够黏性的材料。然而，过去常用的黏土所含的杂质太多，稻盛和夫在苦苦思索着用什么样的材料替代。

一天，稻盛和夫的智慧终于产生了效果。很偶然的情况下，他发现实验室中有松香材料，突然想到松香可以在加热之后，作为黏性物质。于是他立刻动手做起来，当运用了松香之后，做出的整个成品产品中就没有任何杂质了。这个令人头疼的难关就这样被稻盛和夫的智慧所解决。

因为有了这样的经验，后来在工作中，稻盛和夫就更加全身心投入。因为他相信，只要自己能够投入工作，就能更好地体会到那种"如有神助"的感觉，就能更多地发现自己智慧的闪光点，发现自己智慧的增长和运用。

工作的过程，本身就是运用智慧的过程。因此，职场人应该珍惜自己工作的机会，并正视那些在工作中出现的困难，将之看作自己智慧增长的资源基础。而利用好下面的观点，你才能更好地懂得工作的重要性：

首先，我们之所以工作，是为了提高自己的生活待遇，更是为了体现自己和他人的不同，彰显自己的智慧和能力。如果你不希望埋没于众人之中，就需要更好地利用工作来丰富个人职场经验和磨炼职业才能。

其次，每个人的智力高低，虽然有着天赋上的差别，但是，智力上的差异更多来自于工作上的实践。如果工作过程中自我状态能够丰富并投入，能够有更多的精力集中在工作上，一个人的智力就能获得提高，并具有更好的个人发展基础。

有鉴于此，为了获得智力和工作业绩的共同发展，职场人应该在日常工作中学会积极观察和思考，时刻发现细节中的问题，找到自己和他人思考角度的不同，并积极吸取其中的教训。这样，才能让自己的思维方式更加客观严谨，思维理念更加先进全面，并获得更高的智慧。

看似不幸，其实很幸福

幸福不是表面现象，只要两个人真心相爱，在他人眼中看似的不幸，也可能很幸福。

人类发展至今，始终是偏好群聚生活的社会动物。因此，工作不仅是现代人重要的谋生手段，同时也是每个人参与社会生活的重要手段。这就决定了工作和幸福状况必然有着紧密的关系，在辛苦工作的同时，虽然承担着压力，看似不幸，但同样也提升着每个人的幸福指数。可以说，每个人在组织运行中的工作行为，极大地影响到自己的热情和才能，并影响到每个人的精神感受和生活品质。对于职场人来说，工作对幸福的影响，将是一个值得职场人长期关注和学习的话题。

传统文化似乎给人们带来了一个很大的误解，即工作都是令人不快的，甚至是一种惩罚手段。不论是中外文化，“先苦后甜”“劳动是上帝的惩罚”等，都是职场人认为劳动代表不幸的思想根源。归纳其中的原因可以发现，人们之所以觉得工作不幸，是因为工作劳动必须付出体力、脑力和注意力，劳动占用了休闲的时间，劳动还有很大可能与自身的兴趣爱好缺乏一致性等。

尽管如此，根据西方职业专家的研究结果可以看出，人们更容易在工作中获得沉浸其中的体验，甚至比休闲活动所获得的沉浸体验还多。在这种沉浸体验中，人们的感觉和体验相互重合，能够全身心地投入到工作中，而不会想起日常生活中的忧愁烦恼，能够完全忘我。当工作完成之后，重新意识到的自我也似乎感觉更加强大了，这是因为能够成功完成任务带给人们自我意识的增强，进一步带来他们幸福感的增加。

世界著名的科学家、政治家和思想家富兰克林，从年轻时就将工作看成一种享受。他年轻的时候，经常将科学研究工作看成享受，并且为之通宵达旦。甚至他在去往费城的旅行过程中，选择乘船延续特拉华河顺流直下，虽然他已经付了船费，但是还是觉得想要参加船上的工作，便自愿帮助划船。由于感受到了劳动的快乐，他划得非常卖力，最后，连船工都提出要退还他的船费。可富兰克林说："一旦进入工作的状态，我就觉得很是舒服，有使不完的力气。"

其实，人们早就发现，在能够影响人们全面幸福感的不同因素中，金钱只起到了20%的作用，其他因素还包括良好的人际关系、活跃的工作氛围、自我成就的满足感、对人生意义的感受和对整个社会活动的体验参与。这些因素都或多或少和工作有着某种关系。因此，我们就更应该利用对工作的投入提高自己的幸福感。

良好的工作等于幸福，之所以这样说，是因为以下几点原因：

1. 快乐工作本身就是幸福生活的一方面

工作的最高境界，在于能够做到快乐工作。当通过工作感受到快乐的时候，我们才能获得生活中的快乐，这样，人生才能够充实和精彩。

2. 工作所让你感受到的幸福，比金钱带来的快乐更加长久

在今天的生活中，比他人更有钱，意味着你能够获得更好的生活享受。但是，工作中获得的成就感，比起金钱带来的快乐会更加让人心胸开阔、头脑清醒，会让你更多地感受到团队中的互相帮助、互相支持等最美好的人类情感。

3. 妥善地处理工作和生活之间的平衡，能让你找到自我的精彩

当人们能够做好工作和生活两方面的努力时，就会发现自己同时找到了职业上的精彩，也有着生活上的收获，这样，自我就能够在工作和生活过程中找到更多独立和自信。

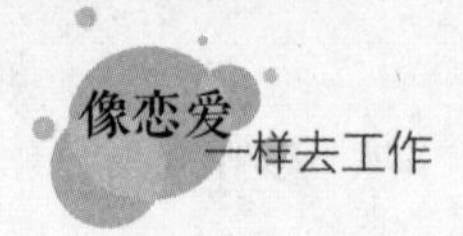

所以，当你全力以赴地去进行工作的同时，也为生活带来了物质和精神上的双重满足，体现了职场人的自我价值与意义。因此，当人们选择了不断进行工作的同时，也在不断地获得幸福，不断地获得变化和成功。

努力，彼岸就有美丽花开

爱，从来都不是一个人的事。需要双方共同努力，爱情彼岸才会有美丽的花开。

工作中，努力改变自己的状态，并不意味着只是对那些普通企业员工在平凡工作中所提出的要求。虽然普通职场人因为努力工作能产生更多的自我激励作用，但那些已经有所成就的人，更会因为工作而获得更多的美丽。

说起工作的努力，许多人第一时间的反应就是既劳累又厌烦的工作状态。很多人曾经梦想过，有朝一日中了彩票，成为“土豪”，生活就能美丽起来。然而，没有了努力工作的生活，真的会那么美丽吗？

学员晓艳曾经在企业公关部担任秘书，后来，她认识了另一家企业的年轻老总，并嫁给了他。带着新婚的幸福感，她选择了赋闲在家，专门相夫教子。其实，思想传统的晓艳，一直觉得自己最适合做这样的全职太太，她从工作开始，就觉得自己没有什么工作上的追求，在个人事业上也没有什么野心，在她看来，工作甚至让原本美好的生活变得枯燥乏味，这简直就是折磨。

现在，晓艳感觉自己梦想成真了，她再也不用每天努力上班了，每天可以睡到自然醒。而喜欢的名牌服饰、珠宝首饰，也不需要站在商店前的橱窗呆呆观看，只需要拿信用卡随便刷就行了。在装修精美的房子里，随便吃着东西，看看电影，晓艳觉得，最美丽的生活也不过如此。

但是，这样的生活只过了半年多，晓艳就觉得日子不对了。她产生了一种感觉，主要来源于参加丈夫公司的聚会活动。很久没有参加过职场集体活动的晓艳，虽然将自己精心打扮，但到了现场，还是发现自己没什么说话的机会。丈夫忙着和同事应酬，并不怎么和她说话。当她看到那些职场女性在一起有说有笑的样子时，忽然觉得那就是以前的自己，而现在的自己却非常孤独……

当然，并非每一个人都能尝试站在晓艳的角度去体验和经历，因此，许多人都觉得，工作只是一味地竞争和保障，不存在像爱情一样美丽的花开，更无需付出太多努力。殊不知，工作带给我们生活的，不仅仅是物质的保障，还有归属感和成就感，而这样的感觉要素，正是构建我们美丽生活的重要部分。有了这些部分，我们才会感受到无聊乏味时无法感受的平静、踏实，才能越来越自信，并因此而越来越优秀和完美。在职场中，不少人不但工作能力强，更是在生活和工作中体现出美丽和从容。虽然他们也会疲劳，但他们更加善于调节自我，让自己不断地在压力面前从容应对，然后重获力量，继续走向美丽的彼岸。

因此，工作要适合，努力程度也同样应该适合。当我们努力到一定程度的时候才会明白，自己从事的工作正是自己所需要的，工作能够带给自己的远非一份薪水。为此，应该按照下面的方法去付出努力：

1. 尽量从工作中找到自己感兴趣的一面

当你所从事的工作是自己感兴趣的，那么，你就会付出很大热情去努力，而自己也会承认工作的合理性和必要性。为此，你应该意识到自己手头工作中哪些方面是自己喜欢的，这样才能感到自己在职场上努力工作的合理性。

2. 努力培养职业素养

为了让自己的形象更加完美，除了要让自己对工作感兴趣外，还应该让自己努力在工作中掌握和工作相匹配的职业素养。例如，性格上更加适合从事某项职业、能力上足以胜任工作要求等。只有当你努力让自己更加符合工作需求后，整个人才能由内而外散发出这样的美丽气质。

3. 要学会观察自己工作后结果的美丽

不少人在工作之后，往往只关心自己得到了什么，而并没有关心他人在你的工作中得到什么。事实上，无论你是技术人员，还是服务人员，只要你投入地工作了，其产生的结果或多或少都会为他人的生活增添一抹色彩。当我们能够意识到这样的色彩后，就能发现他人生活因为我们的工作努力而得到的改变，发现这样的美丽，对我们增强工作的信心、意识到工作的重要性来说有着很强的推动意义。

总之，工作不仅是理性上的分析研究和创造的过程，同样也是感性上期盼美和欣赏美的过程，去主动发现美丽的工作、美丽的自己吧！只有这样，你才会知道，人的一生无法离开工作之路。

爱与工作都需要一种坚持

每当我们看到那些在物质上面临困境，或者在客观上有着难以克服的阻碍，却又能坚持恋爱的情侣，总会感到发自内心的感动和祝福。其实，恋人们之所以如此坚持，不仅仅是因为他们之间真实的情感需要，更在于他们从恋爱中体会到坚持。

坚持，不仅能够让情感获得成功，同样也能够让事业获得成功。在工作的过程中很难有所谓的一帆风顺，相反，层出不穷的困难和障碍需要职场人不断坚持，这样才能看到成功的希望。同时，职场人也需要在不断地工作中发现自身坚持的能力，以便更好地增强自信，开发自我的潜能。

相对而言，在生活中，是否坚持，带给人们的差别似乎并没有那么明显。人们可以随意放弃一次聚会，一场电影，一首歌曲，而自身面对生活的信心和勇气也不会因此受到太多影响。但是，如果不能通过工作中的坚持来锻炼自己的意志，人们就无法发现自我的变化，看不到自己的不同。正因为如此，你才应该更加投入地工作，更加坚持地工作。

肯德基是风靡世界的快餐，而人们熟悉的老人头像背后，则有着令人动容的坚持故事。正是为了体验坚持过程所带给自己的期待和动力，肯德基发明者哈兰山德士，才会不断全身心投入工作。

在四十岁前，山德士几乎是一事无成，虽然在不同的工作岗位上工作，但却都没有真正坚持过多久。此后，他来到肯塔基州，经营了一家加油站，看着来来往往的客人，山德士想到，自己本来厨艺就不错，如果能够做一些快餐食品，肯定能够满足人们的用餐需求，自己也能赚到钱。就这样，山德士很快就推出了自己的炸鸡食品。这种炸鸡由于配料特别，烹饪得当，因此广受欢迎。

然而，第二次世界大战开始后，美国对汽油实行配给供应，山德士的加油站很快关闭，这直接导致他不得不变卖资产来偿还债务。这样，他的所有既往工作成果全部告罄。但山德士知道自己必须不断工作下去，因为此时已经56岁的他知道，只有坚持下去，才能重建辉煌和成功。就这样，山德士开始人生的再一次创业，他带上压力锅和作料桶，穿梭在肯塔基州和俄亥俄州，向每家饭店推销自己的炸鸡特许权。在不断地坚持下，山德士被拒绝了1009次，但他依然全身心投入工作，终于在1010次获得了认可。此后，肯德基连锁经营企业就此走上正轨。

山德士投入工作的故事让我们看到，坚持，是人类在面对困难时的本能，通过坚持，人们也能获得生理和心理上的自我欣赏和满足。因为这样的收获，你才能不断反思自我的表现，认清更高远的目标，成为更加成熟的个体。为此，仅仅认真工作还远远不够，更有必要全身心地坚持工作中的付出。

1. 你需要的是带着强烈的信心投身工作中

这是因为一旦有了不断工作的经历和体验，你会习惯于不断追求成功的过程，并愿意相信自己越来越接近目标。这正是通过持续的工作而得到的自信，反过来，自信心养成以后，也就能更好地促进工作。

2. 你应该看到努力工作是坚持自我的重要途径

每个人都有自己的个性和特点，正是这些个性和特点，让我们与其他人有所不同。如果你不能投入工作，显然，你也很容易在千篇一律的生活过程中丢掉自我本应坚持的东西，所以，即使你是为了保证自己和他人的区别，体现自己的个性你也应该做好自己的工作。

3. 你还必须要在工作的过程中设法让坚持过程变得更富于技巧和乐趣

例如，当你感到工作总是在枯燥重复的时候，不妨将工作分成不同的环节按照步骤完成，或者按照不同的顺序来工作等。这样，你就能体会到工作中坚持的重要性和方法性，从而意识到自己应该更多地投入到工作中。

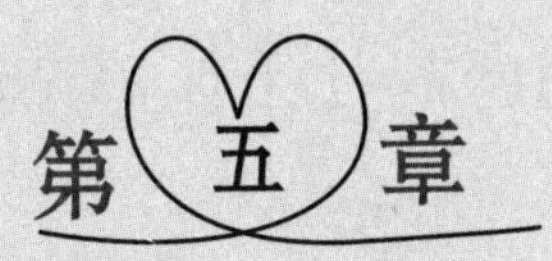

第五章

是否每一场恋爱都十分投入

——倦怠族自救钻石法则之全心投入工作

“迷恋”让工作兴奋起来

很多时候，恋爱中的人会让其他人感到无法理解——明明看上去很普通的异性朋友，在他或她的眼中却是那样完美、出色。这种迷恋的感觉，用民间话来说就是“情人眼里出西施”。

在工作中，你是否有过这样的感受？如果没有，不得不遗憾地说，你的工作过程是残缺的甚至是遗憾的。

根据一次对全美国成功者的调查结果的分析表明，在成功者中，有94%以上的人都表示自己喜爱乃至迷恋自己的工作。这说明，如果你对自己的工作并不满意，无法像对待恋人那样痴迷其中，无论你会怎样在表面上努力，也都很难有着令人惊艳的成果。反之，大多数职场上的失败，都或多或少来自于人们并不迷恋和喜爱工作。其实，面对工作带来的压力，你应该大声地告诉自己：“因为我爱这份工作，所以不会有问题。”

因此，当你面对自己的工作，发现任务堆积如山导致你不知道怎样入手时，你并不应该对此发出埋怨的语言或者表情。相反，你应该将上司交给你的工作，看成整个机体对你的信任，这是因为你之所以能获得很多工作，正是说明了你的工作能力比他人更强。如果能够这样想，你就会很快发现自己迷恋工作的感觉，迷恋这样自我表现和展示的机会。

某公司的行政部主管姚莉就是这样爱上自己的工作的。一开始，她只是办公室的普通文员，但后来她发现，爱上自己的工作的确很有意思，这样会让自己获得更多工资以外的报酬。某一次，她和大家分享了自己的职场经历。

当时，姚莉刚刚进入公司，她负责的只是为部门领导打印各种报告、讲话稿或者表格之类的文件，由于工作紧张，时常因为工作量太多而需要加班。某天，部门的副经理坚持要求她把一份很长的报告重新打一遍，但是姚莉说，自己可以只是将内容修改一下，不需要重新全部去打印。但是副经理说，如果不能重打，所有的责任都要由姚莉来负。她虽然很无奈，但为了避免出现问题，只好告诉自己，应该去假装喜爱这份报告，喜爱到想要将它再打一遍。

很快，姚莉发现这个办法是行得通的，此后不管做什么，只要她告诉自己“我喜欢”，就好像真的喜欢上这样的事情了。而带着这样的想法，她的工作速度也得以加快，并帮助她获取了来自上司和同事的好评，后来，有位主管专门将她调到了自己部门中去做助理，因为这位主管看出她的特点：能够喜欢上自己的工作。

姚莉说，对工作的喜爱，给自己的工作带来了很大的变化。她正是尝试通过让自己对工作产生好感并进一步爱上工作，最终化解了工作带来的压力。这样的方法，不仅能够减少职场烦恼，还能增添自己和工作之间的乐趣。

其实，爱上自己的工作，能够让你获得良好而快乐的工作心态，这种心态比起外部的条件，能够更好地影响你工作的环境。同时，爱上工作，还能够让你主动积极地去想办法在工作中寻找更多方法实现自己的目标，从而发现更多成功的快乐。这也就意味着，热爱工作，可以发挥你无穷的潜力。

当然，一个人如果面对各种压力，很容易产生低落的情绪和难以提升的状态，在这样的表现下，即使他原来喜爱自己的工作，也很容易产生厌倦之情。因此，他必须及时采取不同措施，让自己恢复对工作的喜爱和迷恋。

比如，你可以先挑选那些容易完成的工作，将它们顺利完成并及时提交，从而得到上司对自己的肯定和表扬。这样，你就能逐渐从中恢复对工作的兴趣爱好，并因为对自己价值的肯定而更加喜爱工作环境。

又如，职场人可以回顾自己曾经取得的较为完美成功的工作任务类型，并尽量找到其中和目前工作的共同点，在如此的寻找和肯定过程中，你会更加确定自己适合这份工作，并喜爱这份工作。

当然，职场人还应该学会有意地缩小自己和工作之间的“不适合”等矛盾。例如，在思想中尽量多注意自己能力和经验中适合工作的一面，而有意忽视自己性格、天赋或者既往经历中同工作要求有所差距的一面。这样，你就会逐渐发现，这份工作不仅适合你，还能够博取你的喜爱。

总之，面对工作压力，要学会享受这样的工作，享受这样的压力，为自己创造一个能够迷恋的情境作为对象，并先从自己最能够接受的角度出发来解释自己是为何喜爱上工作的，为何会拥有对工作的梦想，这样，工作才能积极，人生才能健康而向上！

感动是爱之源，也是工作心动力

在人的一生中，始终存在着无形的力量，能够推动人们相爱、相伴，并互相保护和关怀。这种力量就是爱，而其根源在于每个人内心发出的感动。感动能够带来爱，也能带来工作的积极性，能够治愈创伤，同样也能治愈工作中的倦怠。

感动，是我们每个人在生活和工作中难以缺少的源泉，几乎一刻也不能缺失。

感动，能够影响一个人整体的身体健康和心灵状态，包括一个人的健康状态、心理状态和心灵修养等。感动虽然不直接决定着能力高低，也和智力无关，但是，感动的力量却能够改变一个人对工作的看法。一个人越是能够被同事、上司或者下属感动，就越是能感觉到工作中的幸福，而对于他们解除自己工作中的倦怠，这一点显然非常重要。

几乎在每个职场圈子中，都有着喜欢抱怨的人，之所以没有人喜欢和这样的人共事相处，不仅因为他们喜欢抱怨而缺乏工作能力，难以解决实际问题，更因为他们不懂得感动的重要性，不知道珍惜工作带给他们的快乐和他人带给他们的支持，他们在工作中只愿意看到那些不利的客观因素，因此总觉得工作带给他们的都是不公平的环境。

学会感动，关键在于转变自己面对工作的态度。不管遭遇怎样的环境，面对何种问题，都应该看到他人对自己的付出、工作环境对自己的付出。这样，工作就不会成为你眼中的痛苦和累赘，反而是能够厚实你通向成功的基础。

学员徐伟是某公司的优秀员工，担任着业务主管。在他的管理下，目前公司的生意蒸蒸日上，他的下属对待工作也同样充满热情。然而，在徐伟到公司业务部门之前，情况并不是这样。公司平台很小，员工们无论学历还是经验都相当不足，业绩收入也乏善可陈。当徐伟到来之后，他用发自内心的笑容和真诚感谢他人的语言，激励了其他员工。很快，抱怨的声音没有了，而徐伟自己也发现，他开展工作的环境变得轻松和谐了。整个业务部门的员工都在用积极的心态投入工作中。这样，公司的业绩也出现了提升和飞跃。

徐伟曾经这样和同事分享经验："是一种感动的情绪，改变了我的职场生涯。当我以前曾经在工作中碰壁之后，我忽然想到，自己也只是工作中的一员，我没有权力去命令和要求别人怎样。我对周围的

支持和关怀，反而产生了强烈的感动。我发现大家都为我做了很多，所以，我要竭尽全力去回报他们，我要努力让客户高兴、让上司满意、让下属快乐，在这样的情绪下，我不仅工作上更加愉快了，得到的肯定和帮助也更多，工作变得更加出色。就是这样，我获得了企业给我的加薪升职的机会。”

事实上，带有这样的情绪去看待工作，你就会怀抱一颗感恩、感动之心去付出，工作也会获得更大动力。

1. 我们应该让感动以感谢的方式表现出来

著名的成功学家安东尼·罗宾曾经这样告诉别人：“成功的开始，就是先要保持一颗感谢他人之心。”假如你能够意识到工作中别人为你所做的一切，能够看到他们为你所付出的恩惠，并且不管这些表现为何种形式，都能够抽出时间，以适当的方式来表达你的谢意。那么，你就会从对方回馈的好意中，感受到推动工作的力量。同时，你自身对他人的态度，也会让你忘记工作中可能产生的倦怠。

2. 被工作感动，从而让自己变得更强大

当你看到工作带给你的收益时，你将会因此而感动，相信工作带给你更多财富。同时，你也会因为看到自己的强大，坚信属于自己的胜利，而会不断更多地要求自己热爱工作。职场人通过感恩工作，意识到他人带给自己的力量，这样，今后的职场道路才会更平坦。

3. 不要总是强调个人的努力因素

很多人在谈到自己曾经获得的成功时，会过分地看重自己的努力因素，并将自己在职场中的关系，看成纯粹的商业交换和利益推动关系。这是职场人难以产生对工作感动的原因。但是，你应该学会将眼光放得长远一点。仔细想一想，看到公司这样的环境所产生的作用，看到老板设置的职位所起到的作用，看到同事和下属们提供支持的作用。这样，很自然就会产生应有的感动。

职场人应该多一点感动，少一些抱怨和质疑。感动不仅让我们能够更好地学会做人，也能让我们更快地学会做事，成为工作中的红人。

拥着爱人（工作或产品）入睡

2005 年 6 月 12 日，史蒂芬·乔布斯在参加斯坦福大学的毕业典礼时这样说道："你必须找到你的所爱。对于爱人是如此，对于工作也同样如此。工作将会占据你人生中很大部分，只有相信你自己所做的工作是伟大的，才能乐在其中。"乔布斯是这样说的，也是这样做的，众所周知，他无论对工作还是产品，都有着几乎狂热的热爱，就像爱着恋人那样，热爱苹果公司的事业。

这种职场人，也可以被看作"传教士类型员工"。无论他们的职位是普通员工，还是主管经理，都会对自己所在的公司和产品有着发自内心的喜爱，这样的喜爱既是主观的，也是客观的，能够让他人不自觉地被这样几乎拟人化的喜爱所感染和吸引，并乐于接受他们的工作成果。

在洛克菲勒担任董事长的美国标准石油公司，曾经有过这样一位员工，他的外号很奇特，叫做"每桶四美元"。很多人即使不知道原因，也都乐于用这个称号去称呼他。

这位叫作阿基伯特的员工之所以叫每桶四美元，是因为他那独特的签名习惯，无论是出差住旅馆，还是私人出去吃饭签账单，抑或在商业信件上面签名，总是会在签下自己的大名后再加上一句"每桶四美元的标准石油"的产品宣传用语。

这样的习惯如此独特，很快，越来越多的人知道了他对产品的喜爱。即使许多原来并不认识他的人，也因为这个习惯而知道了这个员工，知道了整个标准石油公司。后来，他的名气居然直接被董事长洛克菲勒知道了，洛克菲勒感叹地说："居然有员工这样热爱我们公司的产品，对公司进行宣传，我一定要见见他。"于是，阿基伯特得到了和洛克菲勒共进晚餐的机会。此后，他得到了重用和提拔，而当洛克菲勒退休后，他直接成为了企业的董事长。

看来，阿基伯特的职场成功和他的能力加运气有着紧密的联系，但不可否认，他对产品的热爱是推动他成功的重要因素。在他的心目中，自己公司的产品是可爱的，是值得他四处进行推荐的，也将这样的工作看成自己的本职而不可忽略。

其实，这个世界上没有哪个企业不希望自己的员工就是产品的拥趸，因为一家公司的产品如果连自己的员工都无法吸引，又怎么去吸引客户？反之，如果一家公司里的员工对本企业的工作或产品毫无感情，只是机械地为了谋生而工作，那么，这家企业又用什么来发展呢？

为此，身为员工，你一定要学会喜欢自己的产品或服务，甚至喜欢到想要带着自己的产品入眠。如果没有这样的喜爱，那么，你对自己生产出的产品有怎样的质量、怎样的实用性、多大的性价比等，都会感到漠不关心，也就难以投入到自己的工作中。这样，工作的倦怠感也就很容易对你造成不良影响了。

为什么职场人要如此喜爱自己的产品或服务呢？

1. 喜爱产品，意味着喜爱客户

无论对于企业整体，还是员工个人，都和顾客有着紧密联系。没有了顾客，也就没有了企业的存在，同样没有了员工的岗位。因此，想要让自己为企业带来更多的顾客，就要让他们感到切实的满意，并将自己对产品的喜爱之情同他们进行有效分享。

2. 不要说抱怨产品的话

如果身为员工，你却总是在说自身企业产品和服务的坏话，其影响必然是负面的。这是因为，即使你只是在独自陈述产品的缺点，也很容易影响到自己的信心，并否定自己的工作，造成不愿意钻研工作并提升工作成绩。

3. 热爱你的产品，就要学会不断地表达

如果一种热爱总是放在心中而不为外人所知，那么这样的热爱显然是很难对自己或者他人起到什么影响作用的。职场人应该学会结合自身的特长，将对产品和服务的热爱进行适当表达，例如，通过语言沟通、文字沟通、表情沟通等，都能将这种热爱之情适当地传递出来。

听TA（工作或产品）泪流的声音

虽然人们通过不同的方式去讴歌最真诚的爱，也期待自己能够获得这样的爱，但他们依然应该意识到，世界上没有任何一种爱能够让你变得完美无缺，也没有任何一种爱能让你躲过任何困难险阻。在投入地爱一次的同时，也要理性地看到，任何值得你爱的人，同样有他们的缺憾，也同样有他们可能受到伤害的一面。

在工作中，职场人同样要学会听懂自己所爱的产品和服务是如何流泪的。它们之所以会流泪，并不一定代表着它们自身的不合格，很可能同你对它们的不理解、不认同或者不支持有着很大联系。

推而广之，即使在职场中，也不会有十全十美的产品或服务。作为员工，你无须因为自己生产制造或者推销的那些产品和服务存在着某些缺陷而感到苦恼，甚至感到违心。如果你总是片面地为这些感到烦恼忧愁，就会觉得工作是难以逃避的陷阱，并因此导致产品和服务在你眼中永远都是

负面和灰暗的。其实，无论是上司还是顾客，他们都不会总是苛求你的产品和服务永远没有任何缺憾，他们需要看到的是你对产品或服务的理解，并得到他们所需要的工作态度，从而确保他们能够认识到产品或服务的优势，明确地知道同这些优势相比，其实产品或服务的缺憾并不算什么，或者完全能够改进。

反之，如果职场人无法做到这一点，就只能被动地任由你的产品或服务被他人指指点点、任意评说，等待着你工作结果的，必然是无情的眼泪。

不妨看看美国著名的房产经纪人是怎样避免落入这样的职场困境的。

这位房产经纪人叫作汤姆·霍普金斯。当时，JBR 房地产公司刚刚在洛杉矶郊外开发了一片住宅区。这块住宅区内，共用 260 幢房屋，其平均售价在 18000～19950 美元。经过数年的销售后，这块住宅还有 18 幢房屋没有售出。这是因为，它们几乎全部位于罗斯利路上，而卖不出去的原因，则在于其距离铁路只有 2 英里，每天，这段铁路上都会有三趟火车经过。

结果，感到困扰的开发商最后找到了霍普金斯，并请求他的帮助，将这 18 幢房屋出售。一见面，刚开始讨论，开发商就抱怨说："你肯定会让我降低价格来出售房子的，这就是你们经纪人经常做的事情。"

霍普金斯表示，这批房子质量很好，因此，自己根本不建议降价，相反，他还要增高价格来把房屋销售出去。

这下，经纪人吃惊了，他不相信对方能够做到。于是，霍普金斯解释了自己的方法：他会一批批展示这些房子，并且将客户参观的时间予以限制——只是在火车经过的时候进行展示。为此，他会在房屋面前挂上牌子：这栋房屋有很特别的地方，请在早上十点、中午十二点和下午三点准时参观。然后，他会给每栋房屋配上一台当时算是奢侈品的彩色电视机，而顾客们为此需要付出200美元的价格，这个价格只是当时彩电价格的1/3。

开发商虽然半信半疑，但他也只能选择相信霍普金斯，于是便同意了这个计划。霍普金斯于是将顾客们带到房屋中，此时，火车正好经过。但他不慌不忙地打开彩电，说："想象一下，你和你的家人坐在这里，每天都可以看到彩色的电视节目。而为此，你们只需要每天忍受3次仅仅90秒钟的火车噪声。现在，你们可以问问自己，是否愿意付出这样的代价?"

三周之后，18幢房子全部销售一空。

通过这个案例，很多人了解到了汤姆·霍普金斯是怎样在后来成为全美国房地产销售第一人的。他只是利用了一些小方法，就将那些原本在"流泪"的产品转化成为令客户眉开眼笑的产品，而并非任由这些产品受到歧视，任由自己的工作结果因为客观因素而降低水准。

和霍普金斯一样，一名优秀的职场人员，首先要对自己所投入工作的产品或服务做好全面观察，尤其对它们的缺陷做好充分心理准备。这样，当你面对上司或客户时，就不会因为突然发现缺陷而手足无措，导致产品或产品的评价陷入"孤立无援"的状态中。

其次，职场人还应该在必要的情况下，运用一定的策略，将产品或服务目前所存在的不足转变成为优点。例如，将缺点当着客户的面进行有技巧性的指出，不仅能够赢得对方的好感，还能设法让对方将产品的劣势进行有效弱化，最终忽略不计。

最后，想要让产品和服务不会因为它们的不足而"哭泣"，最长远的方法，还是更加投入地研究产品和服务的生产和工作细节问题中，通过有效解决这些细节问题，来达到避免产品和服务始终带有被市场竞争所淘汰的风险。这样，产品、服务和职场人之间的互动关系才会更加友善稳定，而你的工作业绩才能更为稳定地上升。

爱要坦荡荡，工作要“自燃”

无论当下时代中什么样的恋爱，“自愿”才是人们幸福的基础。这是因为恋爱正是一种自觉自愿、发自内心的行为，能够让人们自愿地为了某个人贡献自己，并维护两个人的幸福。同样，在职场中，也有着“强扭的瓜不甜”的道理，想要远离工作中的倦怠，你就要坦荡自然地面对工作环境和工作目标，不仅为了自己，也要为了整个工作群体，将自己的能力贡献出来。

很多情况下，公司总会欢迎那些能力突出的员工，但公司更加欢迎在工作中自觉自愿、自动自发的员工。这样的员工具有良好的心态，能够对任务有敏锐的发现能力及高效的执行能力。而这样的员工一旦发现自己完成工作有压力，就会选择利用不同方法去尝试，尽自己最大努力，将工作任务完成。可以说，这样的员工能够时刻考虑自己如何去更好地完成工作任务，向上级交出漂亮的答卷，而并非轻而易举地就对工作产生倦怠情绪。

当然，“自燃”的员工，绝不是像机器那样机械徒劳地执行工作，他们善于独立思考，当他们接到一项工作任务时，就会自发发挥个人的能力开始思考和行动，因此，他们更容易将需要解决的问题和实际的工作情况结合，并有效完成要求。可以说，作为一个积极主动、自觉工作的员工，在企业往往是最容易开创业绩的。

朋友老贾现在已经是一家建筑公司负责管理现场的部门主管。他回忆起自己在十来年前找工作时，只是作为一名送水工，而临时被企业所招聘进来。当他送水的时候，并没有仅仅像其他工人那样，只是将水桶搬到工地里然后就抱怨着水太重、躲进了阴凉处。相反，那时候的老贾一边给工人们留下的水壶装满水，一边和那些休息的工人闲聊着建筑工地里面的事情，还有意识地观察着那些正在劳动的工人。不久之后，因为工地上缺人，他被队长提拔成为计时员。

成为了计时员之后，老贾还是勤恳自觉地努力工作。虽然没有什么人要求，但是他还是坚持早上来得最早，晚上离开最迟。在这样的工作过程中，他熟悉掌握了所有的建筑工作，包括地基、砌砖、刷泥浆等。渐渐地，当新的工人来到建筑队的时候，有问题总是喜欢向他打听。而老贾自己也很喜欢琢磨工地上面的事情。

一次，公司副总来检查工作，看到在老贾的指导下，年轻工人们把旧的红色绒布撕开，然后包在灯泡上，从而解决了施工的时候没有足够红色光源示意的问题。副总当时没有说什么，等快离开工地的时候，他示意队长让这个计时员去自己部门报到。就这样，老贾通过自觉的付出和努力，不断抓住了职业发展中的机会，此后他不断利用好这些机会，最终升迁成为这家建筑公司的部门主管。

工作能力是员工能力水平的一个层面，而自愿程度的强弱则直接反映出了他们的素质高低。只有做到自愿地积极工作，才能真正有效地创造业绩。

下面是给职场人自觉自愿工作的建议。

1. 要形成自愿工作的习惯

所谓自觉自愿，就是不存在什么人来强迫你工作，但要求你能够更加主动地意识到，工作不是老板的事业，而是为了自己。只有自己发挥好最大能量，在每件小事情上积极投入，企业和自己才能从中受益。

2. 自愿工作，必须要摆脱拖延症的影响

那些普通员工总是喜欢做做停停，然后等待老板的命令和指示，但优秀员工知道这种拖延是无效的，他们更加喜欢发挥自身的主观能动性，而出色地完成自己应该做到的工作。因此，你不应该习惯于被动地等待他人催促，而是能够提早行动并拒绝拖延。

3. 不要将工作划分成为“职责外”和“职责内”

虽然为了企业运转高效，每个人都会负责不同的工作。但是，想要成功，你必须比他人保持更多的自愿状态，这种状态会让你完成那些看起来可能不属于你的工作，但也同样会让你得到更多机会。因此，职场人最好将工作看成储备仓库，而那些习惯于死死守住自己眼前职责的员工，则难以成为自愿者投入到和工作的恋爱中。

不怕在工作旋涡赴汤蹈火

在职场中，没有任何工作不代表着责任。同时，在责任落实的过程中，也不可能没有任何的风险。这些风险有可能是那些让人意想不到的情况，也有可能是紧急而危险的。这时候，工作者就必须充分冷静，承担起自己的责任，勇敢地面对工作中的风险。就好比你真心爱一个人，一定会不惜一切为他赴汤蹈火。可以说，这样的觉悟是工作者应该有的准备，同时，做好这样的准备，也能够让你更加精力充沛地面对工作做出正确决定。

当然，并非每个员工的工作都意味着重大责任和风险，但是，一个员工不仅要敢于面对工作中的小责任，同时也要做好准备，能够在重要情况下，学会不推卸责任、不刻板执行，运用好自身的智慧来做出正确判断，避免问题的产生。这样，才能够做到真正地热爱自己的工作。

这样的要求不仅是针对那些一线员工的，在职场中，越是担任领导，有着越大的权力，你所肩负的职责就越重。因此，即使你面对着整个部门工作的责任，也应该更为坚定、下好决心去面对更多风险和责任。

在冷战历史中，曾经有这样一个鲜为人知的故事，故事的主角是普通的指挥员，却因为沉着应对了自身责任的风险而体现出对其岗位的热爱：

> 1983 年 9 月 26 日的凌晨，莫斯科城外 50 千米左右，一个地下军事监控设施中，有将近 120 名左右的军事人员正在监视着美方的导弹情况。其中，潘采夫是他们的指挥员，负责带领整个团队发现特殊情况，并有权做出立即反击的决定。
>
> 正当大家都以为一切如常时，控制台上的警报忽然急速响起，报警灯开始不断闪烁，下属很快报告，说系统发现美国某个州的导弹发射井中出现了五处导弹发射的迹象。
>
> 潘采夫这时意识到，如果自己启动反击计划，马上会有上千枚苏联导弹向美国飞去，而这样的结果则是美国会给出更多导弹来回击。而按照常规来看，潘采夫要做的事情是立即向上级汇报，直到报告国家最高元首，而这个过程的时间起码要十几分钟。由于时间实在太紧迫了，一级级上报已经来不及，潘采夫必须要做出自己的决定，面对风险和责任。
>
> 在短时间内，潘采夫判断，这一定是个错误的警报，他的理由是，没有人会用 5 枚导弹进行攻击。于是，他随即做出应有的决定，命令下属们回到自己位置上并不进行反击，同时向上峰报告说，出现了一次系统的错误。
>
> 几个月后，调查显示，这次报警果然是因为卫星系统是错误的。事实证明，潘采夫履行了他的职责去面对风险。

当然，在职场中，工作的职责并没有如此大的风险，但想要成为优秀员工，就和想要获得美好恋情一样，一定要勇于主动承担责任和风险。这

种承担并非为了什么特定目的，而是为了能够获得更好的工作环境、树立更高的工作目标。这就意味着员工并不能只是在工作之前接受职责、承担风险，更意味着他们需要在工作进行中坚定负责，并在工作出现问题时，敢于面对风险、解决问题。

成功的职场人之所以能成功，是因为他们能够在工作中兢兢业业做好日常工作，同时也能在工作遇到问题时很快承担决断，而并非退缩不前。相反，一旦你在工作中遇到挫折就选择退缩，这样的表现就很容易导致你对工作的倦怠情绪出现。

为了能够获得工作中真正的勇气，你需要从下面几个角度来面对自我和工作。

1. 学会用正确态度来面对工作中的困难和挑战

这是你走向工作成功的基础。在困难中能够寻求对自身弱点的突破，并在心理上做好成功的准备，从而找到自身工作的方法。

2. 应该学会从风险中找到机会

职场人应该从工作的问题中发现自己的工作能力、工作经验或集体环境中的欠缺，并通过对整体风险的评估，引领自己掌握原先并没有具备的能力。随着对工作风险的克服，你的工作能力也会得到应有的提高，并利用更加轻松的心态对待工作困难。

3. 通过不断自我挑战来形成应对风险的勇气

一个人真正的敌人，大都是自己。所以职场人更应该将面对工作时候的风险，当作锻炼自己的机会，敢于面对自己的不足，并通过发起对自身缺点的挑战来赢得对工作风险的化解。

为了工作，你必须要能够做到直面有可能的危险而毫不退缩。当你拥有这样的勇气时，心中也自然有了更加坚定的力量，对于未来的成功也就有了更多的渴盼和期待。

不以结婚为目的的恋爱不会有结果

——倦怠族自救钻石法则之树立“高目标”

为了“高目标”而持续付出

一个有追求的人，会在生活中为自己设定更好的人生梦想。这是因为，任何梦想虽然开始时似乎离自己很远，但是只要不停地去追求、不轻易放弃，就能将梦想中的幸福变成现实。

在恋爱中，昨天的幸福梦想，能够成为今天的希望和目标，而有这样的希望和目标，也就有可能成为明天的现实。同样，在工作中，目标也是行动的指引方向，几乎职场中所有行动背后的努力和思考，都是为了实现目标而储备的。目标的大小和高低，将会直接影响到职场人成就事业的高低和大小。

可以说，一个缺乏目标感的人，在工作中是没有真正的高方向的，他的职场工作将会缺乏激情而不完整。相反，一个拥有高远目标的人，在工作中追求的成功度越明确，对自己提出的要求也就越严格，相应地，他的能力也就提高得越快。

因此，在对自身的职业发展之路设定目标时，我们必须要让目标带有一定的难度。尽管那些有一定难度的目标看起来似乎并不容易实现，然而，这样的高目标才能够对职场人有更多的吸引力，可以激励他们全心全意工作，因为这样的目标，才能获得必定达成的信念。这样，职场人的成功之路就能顺利开始了。

当费兰德还只是13岁的少年时，他就要求自己必须要与众不同。

从那时起，他很快将自己的人生目标设定在纽约大都会街区铁道公司总裁的位置上。

为了实现这个目标，他从少年开始，学会了为城市居民社区运送冰块，并利用这样的机会去学习，想方设法通过这个工作向铁路行业靠拢。到了18岁，经过他人介绍，他终于进入了铁道行业，成为了夜行火车上的装卸工人。在这样的工作岗位上，他继续抓住机遇，向着内心设定的目标不断努力。很快，他进一步得到上司的赏识，被安排到铁路部门，担任检查铁轨的工作。随后，他又因为良好的表现，被调到扳道工的职位上。在这里，他还是勤奋努力工作，按照自己的目标前进，经常利用空闲时间去为部门做自己能做到的工作，同时也从中学到更有价值的事情。

后来回忆起这段日子时，费兰德说道："很多次，我不得不工作到深夜，才能统计出各种上司所需要的数据。这样的工作让我掌握了很多铁路不同部门具体运作细节的重要资料，而这些资料，也并不是所有铁路部门经理所能够掌握的。"

就这样，在扳道员工作结束后，他找到自己的主管，说希望能够继续留在公司做事情。并且表示，只要能够留下，什么事情都可以做好。对方看到他对工作的熟悉程度，就将他调到邮政列车上担任刹车手。

后来，不管自己做什么工作，他都没有忘记树立的高远目标，并不断补充工作知识。在这样的努力后，费兰德最终成为了公司的总裁，造就了职场上的传奇故事。

高远目标，可以激发出一个人更多的潜力，改写他们的职场命运。而对于每个职场人来说，这样的计划都是可行的。想要完成计划，你需要做好以下几点：

首先，就是将目标确定好。目标来自于梦想，因此，你可以适当提高自己的梦想水平，并根据梦想水平来严于律己，时时告诉自己应该不放弃警惕。

其次，在树立了高目标之后，你还应该将之当成自身的使命，这种使命感能够促进你积极采取工作行动，实现自我的信仰，促进人们行动取向的明确和行动的提高。

最后，拒绝眼高手低的现象，一个人虽然有了高目标，但却没有行动中的高标准，也就很难作出应有的贡献。因此，你不应该被动地期待目标的实现，而是应该积极主动地研究目前工作环境中有哪些可以使用的资源，并对环境进行积极的研究和变革，尽力作出有意义的重要贡献，从中获得走向职场成功的力量。

和恋爱一样，一个具有强烈的使命感、高远事业目标的员工，没有什么困难是能够阻止他们的，也就没有什么成绩是难以达成的。反之，从另一个角度来看，这样的员工，也是优秀而敢于负责的人，他们在任何环境中都会受到欢迎和欣赏。当他们在依靠个人努力不断向前进步的同时，也必然会得到来自不同方面的帮助。

敢爱才敢做，敢想才敢干

许多人在生活中都见过这样的事情：那些看起来难以接近的“女神”，最后却都是被各方面普通的人所吸引，并开始一段情感。在感到奇怪之余，甚至引发了心理学家和社会学家的注意，并采取“博弈论”中的选择对策来研究这样的现象。事实上，正如同发动机发动起来才会产生动力一样，只有先敢于想，才能敢于行动。

在工作中，如果你不去想办法，就不会有机会，如果你停止要求和思考，就算本来具有很好的机会，也会导致你无法采取正当的措施来应付。

事实上，工作比拼的不仅仅是个人能力，同时也比拼你是否具有创新的竞争心态。你应该将创新心态深深植入自己的工作行为模式中，时时带着更多的想法去工作。那么，你就会随时利用自己的积极心理反应去运用创新的观察力，并发现能够创新工作的基点，这样就不会错失工作的好机会。

敢爱你才敢于做下去，而敢想你才能更加努力地干好自己的事情。有了比他人更好的想法，有了更积极的创新思想，在同样的竞争环境中，你才能够独辟蹊径，从而超越平常者，摆脱倦怠症状，成为领先优势的拥有者。

著名时装设计师皮尔卡丹，从最早的普通设计师开始，打造出一个时装设计帝国。数十年来，他一直是法国乃至整个欧洲时装界的先锋代表人物。虽然岁月流逝，世事纷纭，但是，皮尔卡丹设计的时装总是能够在竞争中脱颖而出，并不会让人感到落后。

回顾皮尔卡丹的职场历程，我们很容易发现，他的成功来自于敢爱、敢想。

从皮尔卡丹步入时装设计行业之后，就以敢于打破传统的工作想法、富于时代和青春感的设计力量而著称，这也是同他对时装设计的热爱所无法分割的。当然，皮尔卡丹也为此付出了代价，早在1955年，他就因为自己在周围人看来过于大胆敢想的行为和创新，而被整个巴黎时装协会所开除。但是，由于他敢想敢做，自己的时装设计生涯并没有因此而结束，反而得到了更好地快速发展。

例如，皮尔卡丹敢于在厚呢子大衣上面打出皱褶，敢于用透明的面料设计制造出胸前有折的上衣，敢于在新娘礼服里引入超短裙元素，敢于用针织面料来为男士设计西服……到了20世纪60年代时，皮尔卡丹打造出一套女士的秋季时装，这套时装以式样新颖、料子柔软、做工精致，而很快成为整个巴黎不同阶层、不同年龄女士的抢手产品。

由于皮尔卡丹追求新颖的感觉、喜欢前卫的思想，从而使得他在职场环境中迅速崛起，并且使得属于皮尔卡丹的革命旋风不断发扬光大。

是否敢想敢做，直接决定了人们的职业出路，无论对于企业还是个人来说，同样都是这样。总体上，我们能够看到，无论在企业中，还是在机关事业单位中，获得表扬称赞的人，可能有不少人是循规蹈矩的，但真正取得成功、获得高薪水、高位置的人，大都是站在创新立场上能够对自身工作问题进行考虑的人。这说明，没有了创意，没有了积极的想法，你就只能接受平庸，接受工作中因为平淡无奇而很容易产生的倦怠。而想要领先于他人，并让自己的工作和生活变得更加美好，就要用创意的想法来做出非凡的行动。

当然，无论怎样良好的创意，如果只是留在心中，就不会有多少实际意义。只有靠表现出来的行动，才能将心中的想法变成行动，并利用这样的过程，打造出产品，实现个人目标。

为此，你首先应该避免在想法中产生“死角”，即永远也不要相信有什么想法是不可能实现的，这意味着永远不要为自己的思维打造出一道藩篱。这样，你们就能避免抓住那些消极因素不放，而不在乎自己的创意和努力。

其次，你还应该能够积极设想，认定自己能做好，然后再去不断尝试，最终就会发现，自己的确能够做到那些事情。

敢于设想，意味着风险和收获是并行的，如果想要有卓越不同的结果，就应该敢于积极冒险，要懂得利用自己的想法去处理好风险，将不可能变成可能。敢于创造的人才，在工作中，是最容易被接受的。因此，我们有必要去不断通过创造性的想法，推动自己内在和固有的能力，保持工作的活力和朝气。所以，每个想要避免工作陷入懈怠的员工，都不要浪费自己的创意和想法，而要通过敢于设想、敢于投入，将之变成帮助他们成功的武器。

让愿望深深地植入“潜意识”中

当你对爱情有了强大的意愿，就会不自觉地将愿景植入脑海（潜意识）中，并想方设法努力实现。同理，事业想要成功，最需要的是一种不达目的不会放弃的强大驱动力。具有强烈的愿望，甚至能够深入到潜意识中，将实现目标的愿望变成强大的情感能力，是优秀职员和普通职员最大的区别。

通过对两者的比较可以发现，优秀的职场人，经常喜欢和大家谈论自己工作上的愿望，他们也经常试图采取不同方式，将这样的愿望传递给他们的下属员工，并支持他们也产生同样的愿望。

在潜意识深处的愿望，之所以能够对职场业绩产生这样的神奇效果，就在于愿望和目标不同。目标是理性的、客观的、固定的，而愿望则是感性的、主观的、变通的。愿望能够将大目标变成小目标，将远的目标转化成为更为切实的目标，将原本模糊的目标变得更加具体和确定，使得职场人更容易相信自己能够成功。

美国哈佛大学的心理学教授戴维·麦克拉伦曾经研究并测量了职场人的愿望区别，他发现，那些有较大风险应对能力同时又可以充分驾驭工作目标的职场人，通常都有更加强大的愿望。例如，那些杰出的职场管理者，都有着更为强烈的成功愿望，在他们的工作愿望中，能够让目标成功实现的可能性通常也就在50%左右。当然，这样的强烈愿望也并不是凭空而来，可以说，之所以能够获得并坚持这样的愿望，更大程度上是因为优秀职场人能够更好地进行风险和成本对比的分析，也在于他们有更多的坚持能力。

很多人都熟悉阿诺德·施瓦辛格的成长故事，这个故事表现出愿望对于实现目标的重要作用。

施瓦辛格是出生在奥地利的普通农家子弟，他的愿望是能够成为历史上最伟大的健美运动员。当他说出自己这样的愿望时，很多人都觉得这只是个空想，希望他能够放弃这样主观的情感倾向，应该去找一份更加现实的工作。但施瓦辛格不仅没有放弃愿望，还给愿望加了一项内容：不仅要成为最伟大的健美运动员，还要成长为电影明星。

很多他的朋友听了这个愿望之后，都认为施瓦辛格一定是疯了。但他还是将自己的愿望写在纸片上，然后将它放到钱包里面随身携带。施瓦辛格告诉自己，一定要实现这些愿望。

正是这个"愿望小纸片"，推动着施瓦辛格走出乡村，走向欧洲，走向美国。在愿望的推动下，他坚持不懈地实现一个个目标，最终，成为了好莱坞片酬最高的男演员，并成为了后来的政治家。

你是否想过，在施瓦辛格令人艳羡的职业生涯中，最初的推动力量，很可能只是来自于一个小男孩似乎天真而疯狂的愿望？事实证明，缺少这样的愿望，他很可能一事无成。

为了实现自己的愿望，你首先要像成功者一样，将强烈的愿望变成明确的工作目标，并且立即用愿望所带有的情感因素，推动自己朝向这样的目标进行彻底迅速的行动，并且要求自己不要停下脚步。无论你是否相信自己能够实现愿望，都要相信自己只要努力下去，就会离愿望更近。

其次，你应该给自己的愿望设定一个期限。很多人虽然有愿望，但因为愿望本身是带有主观性的，就会忽视其期限的重要性。结果，即使是很容易达成的愿望，也因为缺乏时间限定，而没有产生效果。

最后，职场人还应该设定实现愿望的计划。虽然将愿望转化成为目标的确重要，但是，结合这样的转化，制订详细计划显得更为重要。计划本身至少应该包括愿望如何转化成为目标，可以利用哪些资源来实现这样的转化，用怎样的方法和步骤来推动自己接近愿望，等等。有了这样的计划，就能使得自己更好地了解在实现愿望过程中面临怎样的问题，并因此而做好准备。

如果你已尽全力，终会有菩萨现身

每个人想要在职场上取得成功，都应该明白，进步不可能是轻松实现的，必须要靠不断努力来实现。这正如恋爱中的情感是一点一滴的积累、大厦的高度是靠一砖一瓦的构建，而每个重大的成功，也都是职场人尽全力的成就来累积的。

西华·莱德先生，是历史上著名的战地记者、作家，他曾经和人分享自己在职场上的成功经历，完全来自“继续走完下一段路”。

莱德说，当自己在第二次世界大战期间不得不从运输机上跳伞逃生时，唯一可以做的事情，就是不断地拖住沉重的步伐向印度进发。整个路程长达140英里，而且一路上都是原始森林、酷热季风和经常突袭的暴雨。但是，他此时面对的是没有任何选择的情况，只能选择一次次走完下一英里的道路。

这段经历，让他后来在职场上感到受益匪浅。从他第一次开始写

一本长达25万字的报告文学时，总是觉得自己放弃了原有的教授工作，而不知道怎么样去开始工作。不久后，他发现，自己应该强迫着尽力去写好下一段，而并不是想着整本书，因为那样就会让自己感到缺乏力量。于是，在之后的整整半年的时间中，除了不断地尽力写每一段之后，他什么事情也没有考虑，结果，居然大获成功。

后来，莱德先生开始写广播剧本，累积到后来，总共写了2000部之多。每写一个剧本，他都只是尽力写好其中的每个段落，而不是想到遥远的目标，更不会想到2000部这样的庞大数目。

其实，尽力走好下一段路，这样的原则不仅对从事写作的莱德先生有用，对职场上的你也很有用。踏踏实实地、一步一个脚印地完成，是实现目标最有用的做法。形成良好工作习惯、完成工作目标最好的方法，就是不断坚持尽力做下去。事实上，很多人采用这样的方式工作，比起他们原先的工作有着更高的成功率。这样的方法并不是要求他们始终在工作，而只是要求他们在每个小时中的工作尽到全力就行了。相反，那些总是想一下就能不花费力气达到目标的人通常都会失败，因为在心理上，他们很难坚持尽全力那么久。

想要实现任何工作目标，都需要你按部就班地尽力而为，而对于职场中资历较浅的员工来说，无论你们的工作是否看起来并不重要，都应该将之看作提升自我的最好机会。因为每当你尽到一次力量，就为自己迈向更高台阶积累了更好的工作基础。

不妨在工作中做到下面的方法：将你的下一个工作环节——无论其产生的具体成果是什么——看作走向最终目标的过程之一，然后立刻去进行。在进行过程中，时刻记住向自己提问："在这个阶段中，我是否尽力去实现我的目标？"并以这样的方法来评价自己的每一个工作环节。如果答案是肯定的，就应该继续进行推进，反之，如果是否定的，就要做到马上停止并重新调整工作态度。

其次，职场人必须意识到，不会有一下子就能获得的成功，所谓的尽力，正是需要你一步步走向成功，而最可靠的计划，也就是你能够自行确定一步步尽力过程的工作计划。因此，你应当将工作计划按照目标的特点来划分阶段，做好计划的设定，并具备能够调整计划的能力，从而确保你的计划合理而有效地促进你的尽力而为。

最后，尽力而为的重要支持因素是你的毅力。毅力是很多人能够成功的最主要因素，其力量对人生职场的影响远远超过个人的工作能力和经验。这是因为，虽然我们有了工作目标和计划，但是，在我们努力的过程中，一旦遭遇挫折，如果没有应有的毅力，就会很容易放弃或者转移之前的目标。所以，你必须要能够有忍耐的决心，能够在最困难的时候继续坚持，这样的坚持就是最好最有效的尽力而为。

坚持尽力而为的最大优点，就是能够让职场人敞开工作的心扉，坚持尽力而为，可以让你的工作心态变得充分积极，帮助你拒绝他人的怀疑、沮丧、犹豫和拖延，这也将能够帮助职场人摆脱因为缺乏目标或者实现目标而出现的负面情绪。

想追上 TA 就要以百米冲刺的速度奔跑

众所周知，在不少恋爱开始之前，男性都会紧紧地“盯住”某个异性，并选择好时机恰当地表示爱意。其实，在恋爱开始之后，双方更应该要用不断地成长和成熟，来确保自己的人生经验、情感态度、知识能力、生活经验乃至工作收入、社会地位不会落在这段关系的后面，而影响到双方之间的恋爱关系或者降低对方的幸福指数。

恋爱中这种不断奔跑的特点，在某种角度来看，有点像人生中携手同行的旅程。我们需要在旅程中找到自己的伴侣，并紧紧跟随他们。同样，在职场中，我们也需要为自己选择好对手，在最好的时间超越他们，并寻找下一位对手，去在新的时间段超过他们。如果我们反复这样做，就能够坚持下去并赢得事业的胜利。

当然，在职场中，你所要找的对手应该是有所限制的，并不是胡乱确定的。而面对对手的态度更是应该以能够有效推进你的工作为标准。要知道，卓越的员工从来不会将竞争对手看作自己的敌人，反而会将他们当作自己的老师来学习，从而最终利用奔跑达到取胜的目标。

某公司曾经有两位关系很好的员工，分别是小韩和小曹。从进入公司之后，他们一直在市场部门工作。最近，因为该部门内的一位主管被调往别处，公司打算就在部门中挑选员工担任新的部门主管。

很快，观察的焦点集中在这两个年轻员工身上。他们俩的确都比较优秀，其中尤其是小韩，他做市场营销策划的工作经验更加丰富，沟通能力也相对不错，但是，他最大的缺点就是对职位看得太重，从进入公司的第一天起就梦想成为部门经理，甚至打算为此不顾一切。

当小韩知道自己的对手是小曹时，就决定要想办法将小曹挤掉。虽然他知道，自己的业绩稍微比小曹要好一点，但如果放在公司高层讨论，这点业绩上的差别很容易被小曹的学历、领导能力和人脉关系所平衡掉。因此，他开始四处活动，既在上司面前时刻表现自己，夸大自己的重要性，还隐隐约约地向上司表现出对小曹的怀疑，暗示小曹很难胜任这样的部门主管工作。

反之，当小曹知道这个消息之后，他开始更加客观地看待自己和小韩之间的差距。他发现，自己的缺点主要在业绩相对低一点。由此，小曹发现，自己对产品特性的了解，对大客户的开发，显然不足超过小韩。于是，他开始琢磨小韩是怎样熟悉产品并联系大客户的。很快，人们发现，小曹经常利用午休时间，同技术部门的员工探讨新产品，并和下属们一块去拜访大客户。半年后，小曹的业绩迅速上升，和小韩之前的业绩并驾齐驱。这样，小曹最终成为了新的主管。

在职场上，向上攀登是大多数员工的梦想。然而，任何公司中较好的资源、较大的平台等，都是有限的，而想要获得这样有限的成功目标，职场人仅仅是个人努力是不够的，必然会面对相互之间的竞争问题。因此，无论你是否意识到，或者是否愿意，同事之间的比赛总是在持续的。对于这样的竞争，理应采取积极参加的态度，这种态度并非过于热衷名利，也不意味着牺牲别人的利益，而是意味着让你的目标更加明确化，更加适应竞争。

放到更大的角度来看，在现代职场中，竞争长期存在。选择良好的竞争手段，无疑能够帮助职场人更加快速成长，而选择一个正确的竞争对手来推动自己成长，也能够让你更为成熟。当然，想要获得这样的效果，仅仅是选对竞争对手并没有用，你一定要做到正确对待自己的竞争对手。因此，当你发现了自己的竞争对手时，想到的不是怎样让他摔倒，而是要学会从客观角度去观察和欣赏对方，并找到自己和他之间的差距，将对手变成你活生生的追赶目标，以对手的要求看来衡量和看待自己。总体上来说，欣赏自己的竞争对手，比起处心积虑打击对手，对自己其实更有好处。

一个优秀的员工，会按照下面的方法去追赶自己的竞争对手。

1. 能够正确认识对手

在工作环境中，只要你稍微观察，就能发现那些领先于自己的竞争对手，而且，会跟随时间和环境的不同，会有不同的人成为你的对手。因此，你需要用正确的方法去认识和评价对手，你需要看到，竞争对手应该

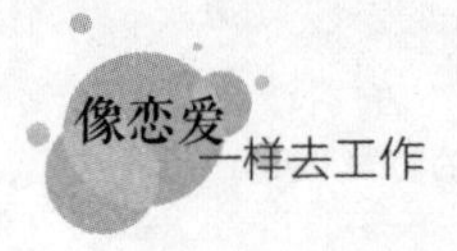

是你生活和工作中值得感谢的人，他们可以成为你的“畏友”，也值得你的尊敬和效仿。

2. 你应该建立自信，并采取公平竞争的态度去追赶对手

一个真正自信的职场人是不会采取不公平手段去追赶对手的，因为他们的目标是真正公平地打败对方，而并不需要使用不正当手段。

3. 职场人为了追赶对手，还应该培养自己谦虚正直的品格

只有这样，他们才会有充分稳定的人际关系，才能获得良好的人格魅力。通过赢得周围同事、上级、下属的支持，更快地追赶上对手，并赢得竞争的全面胜利。

你应该记住，对手或许领先在你之前，比你更接近目标。但是，你和他并不是对立的，你们只是在追求同一个目标而已，这并不意味着他所做的一切都是错误的；反之，他所想要追求的东西，恰恰是你真正需要关注的东西。当你在和对手竞争的时候，千万别忘记深入地分析他们，这样，你将会发现那些你曾经忽略的闪光点。

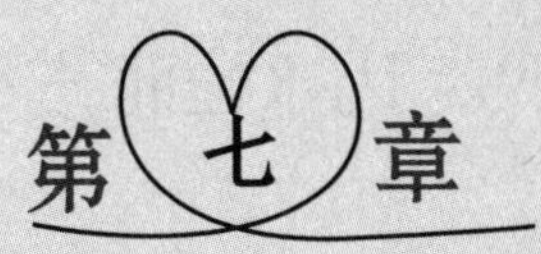

感情若是久长时，又岂在朝朝暮暮

——倦怠族自救钻石法则之持续带来力量

“平凡”因永恒而“不凡”

你是否担心过恋爱的情感会出现问题?

如果向恋人们提出这样的问题，他们大多会觉得，与其为了将来的事情而烦恼，不如集中注意力持续做好今天的事情，把握好今天，过好今天，这才是获得幸福的最佳方法。

在激烈的工作竞争中，就算你想要获得竞争的力量，也都不应该忘记，所有的不平凡，都是从点点滴滴的平凡积累中形成的。工作者更不应该想要一步登天，反之，“不积跬步无以至千里”才是他们必须懂得的道理——无论多大的梦想和目标，都需要持续的积累才能得到成就。

持续，就是一种坚忍的力量。努力抓住“当下”，认真工作，才能努力设法改进工作，并看到未来的辉煌。或许目前的工作成就看起来并不出色，但是，如果能够一天天累积下来，就会非常乐观，而在五年后、十年后的成就，就必然会超过他人。这也正是职场中很多人都会提到“每天进步一点点”的原因。

然而，在实际情况中，我们经常会忽略积累的过程，我们会忘记工作中的每一年就是每个月构成的，而每个月的组成部分是由每周、每天组成的，直到是每一分钟、每一秒组成的。当你发现他人比自己更为不凡时，蓦然回首，却会发现自己之所以平凡，是因为没有珍惜好这样看似短暂却又永恒的每一个组成部分。

对职场人来说，专心致志在自己的工作上，不烦躁、不厌倦，选择埋头苦干，宛如履行天职，这样，你的人生才会形成同工作之间的美丽情感，并从平凡走向伟大。

美国有一位普通的邮差弗雷德，虽然他的工作很平凡，但他用自己持续的想象和创造力为他的客户带来了优质的服务，并让自己从平凡走向不平凡。一个很偶然的机会中，成功学家马克桑布认识了弗雷德，并体验到他是如何实现这种转变的。

弗雷德看到马克桑布后，首先热情地自我介绍，他说："你好，马克桑布先生。我是这儿的邮递员，我前来拜望您，想向您表示欢迎，也顺带介绍下我自己。当然，我最希望能够有荣幸了解您，比如您的工作行业。"

马克桑布从没有遇到过邮递员这样介绍自己，但显然，弗雷德这样介绍自己已经是职业习惯了，马克桑布顿时觉得很亲切。于是，他对弗雷德说："我是个职业演讲家，当然，这不算什么真正工作。"

弗雷德下意识地问道："那么，如果您是职业演讲家，肯定经常会出差吧。"

得到肯定的答复后，弗雷德继续说："既然这样，您可以给我一份您的工作日程表。当您不在家的时候，我就可以暂时帮您保管好相关信件，并打包准备好。等您回家再送过来。"

马克桑布说："其实，不需要这么麻烦的，可以将信件放在信箱里就好了啊。"

弗雷德解释说："先生，要知道，小偷是会经常偷窥邮箱的，如果发现是满的，就说明房主很可能不在家。这样，您的财产就有危险了。要不这样吧，只要邮箱还能盖上，我就把信件放到里面，别人就看不出来了。如果塞不进去了，我就放在房门门缝下面，这样从外面看不见。如果那里也塞满了，我就将之后的信件都留下，等您回来拿。”

马克桑布感到非常受关照，他不禁问道：“你给其他人也这样服务吗?”

弗雷德说：“当然，这是我多年来的老习惯了。”

没有人能够否认因为追求永恒的力量，而可以将不凡打造成平凡。或许，在其他邮递员看来，工作是很无聊的事情，但他却看到如何通过这样的工作为他人的生活增添改变、保障安全。这位伟大的邮递员向我们证明，没有什么工作注定是平凡的，换而言之，没有不重要的工作，只有没有发现其重要性的工作者。

世界上没有所谓平庸的工作，在平凡的工作中，同样能够产生不平凡的业绩。你是否能在平凡的工作中展现自己的不平凡，关键在于你是否能有一个正确的工作态度，是否能够放下自己的怀疑和抱怨，并能够全心全意地投入到工作中。

1. 所有的不平凡都是从平凡开始的

初到工作岗位上，绝大多数人都需要从基本工作岗位上做起，都需要经过平凡的职位才能积累工作的经验，加深对工作的感悟。因此，职场人必须意识到，只有不惧怕平凡、不倦怠平凡，才能从平凡中走出，奠定自己未来不平凡的基础。

2. 不要抱怨那些看似平凡的工作

工作的价值并不完全体现在外表，相反，对于职场人来说，平凡工作的价值经常更加重大。如果你能够拒绝抱怨，用正确的工作态度，去管理好平凡工作中的问题，就很容易更加全面和透彻地认识了解企业的发展情况，并能够变得更有耐心、更有经验、更为得心应手。

3. 让自己变得不平凡

整天处在消极工作状态下，当然会变得越来越平庸。其实，即使平凡的工作，也一样能够体现出个人能力，想要做好这些工作，同样需要你能够坚持对自己的锻炼。只有先去努力追求让自己变得不平凡，才能让你的工作变得不平凡。

“今天”永远是最美好的“现在”

如果有人说，恋爱是一种交易，那么这样的观点必然会遭到反对。同样，如果将工作看成一种单纯的交易，也绝非正确观点。其实，工作并不是一种简单的雇用交换，更接近于一种投资。因此，想要做好对自己一辈子的投资，你必须时时刻刻关注自己的增值过程，更不应该忘记，“今天”，永远是最美好的“现在”。

古人的一首诗曾经这样说道：“明日复明日，明日何其多，日日复明日，万事成蹉跎。”这样的态度如果应用在工作态度上，就会导致我们陷入拖延、平庸、无聊等状态的工作怪圈中，而无法得到良好工作状态的延续。

有位优秀的银行经理王梦，谈到自己的成功经验时，提到下面这段经历。他说，自己刚刚进入银行担任职员时，周围有很多才能出色的同事。但后来，他们有的人事业上升，有的人事业下降，而究其原因，在于是否能够将今天的工作当成重要的机会，并选择坚持下去。

王梦说，自己在银行工作时，曾经申请到了去美国留学的机会，当他在美国留学，拿到了MBA学位之后，重新回到这家银行工作时，却被分配到了自己并不熟悉的计算机信息系统部门。当他得知这个决定后，感到很是意外，他觉得，难道自己特意跑到国外去读MBA，是为了回来做计算机信息系统的？更何况，其他每年派去留学的员工，回到本银行之后，都会被安排到那些看似重要的部门，而并非信息系统部门这样的“非一线部门”。事实上，在这个部门中，辞职的人都不少。

然而，从王梦进入这个部门工作之后的第一天开始，他就努力习惯这里的节奏，并慢慢享受着计算机信息工作。在每一天的工作之中，他逐渐认识到，信息系统部门并非不重要，而是从下至上对银行所有业务系统予以支持的。因此，在每天的工作中，王梦更加深入地了解了银行的所有业务。

正是因为把握好了在信息系统部门中工作的每一天，同一般的银行员工相比，王梦感到自己更为幸运，而他也很快得到了升迁的奖励。

会珍惜好今天，才是工作的主人。但是，职场人大都更加重视对未来的规划，却疏忽了今天的管理。

珍惜今天，意味着你能够因此而脚踏实地，每一步都奔向目标。你在工作中应该善于珍惜好今天，即珍惜好今天的每一分钟。例如，职场人可以有随身携带笔记本的习惯，这样，既可以不断地见缝插针进行自我学习，又可以随时将新的工作思想记录下来，并整理自己对于工作的感悟。这样，你就能避免自己经常性地浪费时间、浪费最好的“今天”。

珍惜今天，还意味着职场人应该更少地回忆过去。这是因为当职场人现有的工作环境不如意时，就会更加看重过去的辉煌。但事实上，过去的辉煌属于过去，过去的机会也不能重来。你必须追随职场发展的脚步，紧紧抓住今天，才能坚持走到明天。

另外，你也不应该过多地沉溺在对未来的想象中。这是因为预期的职业环境并不一定总是能符合你的想法而发展，很多职场人将未来想象得过于顺利，结果，当真正的现实放在他们的面前时，他们就选择了逃避。其实，你只有正视未来，才能更好提升自己对当下工作的兴趣，同时避免在外来问题出现时心理过于脆弱而无法承担压力。

和工作相处，就和同爱人相处一样，热情和兴趣，都需要由不断的“今天”来进行培养。我们既然生存在这种瞬息万变的职场中，每天都必然会面对着种种的不同，因此，我们一定要学会放下过多的包袱，能够虚心向他人请教，并且将思想和注意力集中在自己当下工作上。这样，我们就能够突破困局，持续向前。

进步，比昨天更好就好

如何才能让自己更加成功，是许多职场人都在思考的问题。尤其在当下社会中，时代高速发展，稍微不注意就会被抛到淘汰的队伍中，因此更多人都会不满足于现有的水平，而会希望成功更加迅速。然而，希望并不等于现实，现实有其自身的节奏，成功必须要依靠点滴积累才能获得，否则，这样的“感情”就会变成空中楼阁。

古代典籍中有这样一段话：“苟日新，日日新，又日新”，这意味着在每个人的工作和生活中，当量变积累到一定的程度时，才能产生质变。因此，职场人与其每天幻想自己可以有朝一日突然时来运转变得卓越起来，还不如做到每天都比昨天进步一点点，每天都能不断地寻求进步和突破，这样才能变成完全不同的自己。

不妨将昨天看成已经作废的支票，而将明天看成还没有到期的存折，只有将今天看成你手头的现金，你才能用它来更好地拉近自己和工作之间的关系。因此，你没办法从昨天开始改变，但你可以把握好实在的今天，活在当下。

在某家电子生产企业的销售部门，有位出色的销售员工小黄。他从大学毕业后，在这个城市举目无亲，甚至连熟悉的同学都没有几个。那么，他究竟是怎样在短短时间内做到手上握有十几个大客户的呢？其奥秘就在于每天都比昨天多做一点点。

一开始，小黄在拜访了客户之后，感到很失望。他发现自己和客户并不熟悉，对方对自己的建议也不大在意，经常说得口干舌燥，对方也只是微笑着表示拒绝。一个月下来，小黄甚至觉得都想放弃了。这时候，小黄的经理告诉他，不要想得太多，也不要指望一下就获得老销售那么多的大客户数量。

在经理的建议下，小黄准备了笔记本，记录每天所收获到的成绩进步。包括客户拜访数量、大客户数量、业绩达成数量等，并特别包括了前一天的比较。这样，小黄每天集中注意力在自己的工作进步上，并进行积极的自我观察和分析，渐渐地，他发现，自己的确没有原来那么大的工作压力，反而能够将精力放在对自我的超越上。例如，去分析自己之前为什么没有处理好和大客户的联系，为什么没有产生足够的信任，等等。

带着这样的工作思路，小黄发现，自己的工作经验逐渐丰富起来，心态也平和了许多。他从自己每天的进步中逐渐成熟，发现了每周、每个月的进步，那本笔记本上，也增添了越来越多的客户的资料，而公司中小黄的销售业绩也慢慢有所增加。

小黄抱着每天都比前一天进步的想法来准备工作，才带来了他个人的进步。其实，作为企业中的一分子，每个人作为个体的进步，都将为整个企业带来积极的变化。在激烈竞争的市场中，只有一个个对自己的工作持有不断刷新、不断完整化态度的员工，去对自己的工作不断进行质疑和提高，才能带动整个企业去完善自己的发展体系，推动整个企业更好地向前发展。

每天比昨天进步一点，首先要求你不能懈怠，更不能仅仅将工作的改变做给他人看，更不能去糊弄自己。你应该用严于律己的工作态度，为自己树立好明确的进步榜样，找准进步的节奏，做到每天起码进步1%。这样，你迟早会获得应有的辉煌。

其次，每天要比昨天进步，需要你做到在工作或生活的任何时间，都要做有心者，善于向其他同事学习，敢于直面压力，无论是谁，只要具有优点，就应该成为你学习的对象。同时，聪明的员工还不会放弃任何一个值得他们反思自我、寻找差距的机会，而是要不断地去积累变化，从而为自己将来的成就进行更多的储备。

最后，每天寻找进步，还意味着你必须每天都保持着进步和改变的状态，而不是始终停留在同一个工作角色、运用同一种工作方式来完成任务，如果你总是习惯于用自己原先“擅长”的工作方式来履行职责，那就说明你有可能很快就被取代。反之，只有不断采取更多更新的工作方式，才有可能带来一天天的变化和进步。

能力大小要考虑“将来进行时”

恋爱的幸福，并非只是到结婚时才体现出来，而是早在两个人刚刚踏入爱河时就已经在铸就的。同样，卓越的员工和工作之间的默契，也是需要持续成长和提升的。如何不断提升个人的能力？最重要的部分，是能够在日常工作中，不断考虑自我超越，为未来而考虑能力的大小，而并非总是希望现在就能做成轰轰烈烈的大事情。事实证明，一个总是在想眼前的“大事”，而把未来看作不可预料的虚无的职场人，是很难真正打造自己个人能力的。当真正的机会到来之时，他们只能作壁上观。

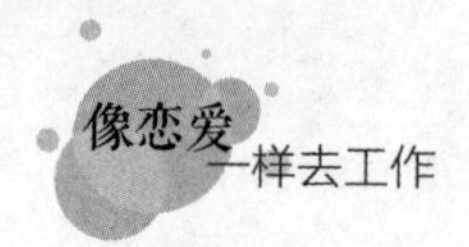

大部分领导者都要求员工面向长远、发展自己的能力，更不用说职场人自己，必须要从点滴做起，面向未来，对能力进行持续变革，才能收获到成功。

面向未来，持续改进自己的能力，就意味着要不断雕琢自己，要求自己将能力朝向完美发展。如果没有天天进行持续地改进和提升，我们很可能根本不知道自己的能力上有什么不足。

张子谦的个人工作能力一直不错，但是，当他进入新的公司工作之后第二年，人事部门就通知他不予续约了。

张子谦对此觉得很不理解，他大声地质问人力资源部经理说："为什么解聘我？我在过去的一年内，工作业绩难道比谁差？我觉得，我比很多人出色多了！"没有等到对方作出说明，张子谦又继续说道："难道是我没有工作才能？要知道，我们这个项目组里面几个创新的方案措施，都是我首先提出来的。难道你不知道？这样做，是不是对我太不公平了？"

等他说完，人力资源部的经理才冷静地回答说："你要知道，公司从来不怀疑你的能力。当然，你目前的能力是相当突出的，但问题是，就你个人的沟通能力、协作能力来看，恐怕是非常不适合在公司内部发展下去的。你要明白，我们公司是世界500强，一向有着良好的形象、极佳的口碑，而你不少表现在我们看来是散漫的，甚至被同事感觉到你的专制。这样的能力，是很难为将来的发展提供帮助的。可以说，我们并不会只是看待你目前工作能力可以带来什么，更看重你未来的工作能力能够带来什么。"

一席话说得张子谦哑口无言，从小到大他都一直为他自己的"聪明"和"能力"感觉到骄傲，一直都认为自己办事的能力很强，没有想到如今栽在了"做人"这个能力上。半晌，他才讪讪地道歉，并表示自己将来一定会更加全面地考虑自己的工作能力问题。

张子谦之所以被辞退，其重要原因并非他的技术能力高低，也并不是因为其个人性格，而是他忽略了重要的一点，那就是身为职场人，自己在组织中，必须要跟上整个组织的发展速度。因为任何一家组织都是身处于发展中的，他们必须要求员工能够采取同样的发展眼光看待自身的能力。而张子谦没有采取这样的眼光，更没有表现出实际层面的改变，因此离开企业也成了顺理成章的事情。

反观另一种类型员工，他们虽然起步的能力不高，但是，他们总是能够将未来当作持续发展的目标，能够坚持提升自己的能力，不断修炼自身。所以，即使他们的进步速度会比别人慢一点，但是当他们开始起步之后，就有可能很快成长为所在组织的顶梁柱。他们真正将生命和时间融入了自己的工作，督促自己的成长。

正因如此，一个越是积极进取的员工，就越会持续不断地面向未来提升个人的素质和能力，从而让自己不断进步和提高，让自己无法被取代，并不断超越和进步。

首先，他们要积极提升自己的适应能力。每个现代企业，在不断的市场竞争中，总是会遇到来自未来的不可预测的困难和阻碍。有鉴于此，企业自然希望员工未来能够从容适应环境，这也是企业员工必须要求自己不断提高的能力基础。

其次，需要面向未来提高的压力，还包括竞争能力。因为竞争能力意味着每个人在他人眼中有怎样的素质，这些素质包括领导能力、沟通能力、专业能力、应变能力等。掌握了针对未来的竞争能力，就可以让你尽量避免因为失败而出局的命运。

最后，职场人不应该忘记的是，能力必须要和个人的品格相互匹配，才能发挥其更大的价值。当你面向未来发展个人能力的时候，要表现出个人的品格高低，避免因为你的修养不够，而导致能力发展的方向和你应有的发展方向缺乏一致。换而言之，面向未来需要提高的不仅仅是能力，同时也包括你的个人素质。

不是缺少“可能”，而是你有太多“不可能”

在痴迷对方的恋人的字典中，很少有什么“不可能”，当很多人认为他们不可能将对方追到的时候，他们却经常能找到改变的方法。这其实就是思考问题方式的改变所带来的区别。在职场中，我们思考问题时，一样应该摆脱惯性思维的限制，避免首先在工作开始之前就说出种种“不可能”。事实上，告诉自己“可能”，才能发现那些宝贵的工作机会。

在工作的进程中，人们很容易受到思维定式的限制，当他们碰见用现在的方法所无法解决的事情时，就会告诉自己那是“不可能”的。其实，只要你能够持续突破这样的惯性思维，就会发现，许多自己不敢尝试的事情，都不算什么巨大的困难。

在生产企业中，有人曾经下过这样的断言：从技术岗位转行来做销售，所有人的激情只能燃烧到熟练。如果想要做到有所成就，那就是更加“不可能”的，然而，2012 年 3 月成为了玉柴机器股份有限公司总经理的吴其伟，就将这样的不可能变成了可能。

吴其伟一开始是做研发的，在 2000 年时，他被调任到销售部门负责销售工作。刚开始这项工作时，他曾经经历了长达八个月的折磨成长。那时候，他觉得自己只能通过工作热情、工作经验和团队的整体协作，对市场进行频繁地调研、走访，从而将其他人认为不可能的事情变为可能。例如，当他发现企业对对手研究的效果太差时，他就成立了市场分析部门，又将市场分成更小的板块进行管理。

当吴其伟理顺了整个市场运营管理体制之后，他自己也完成了角色的变化。同时，他还进一步发现，销售不再只是停留在人际关系的层次上，而是重在为顾客提供解决方案、服务支持等。这样，销售和客户之间的互动和沟通，也就会成为全方位的接触。结合这样的变化，吴其伟立刻就为销售队伍配备了技术员工，引进技术专家来为销售人员讲课，或者让销售员工出去参加培训，这样，营销队伍获得了专业的培训。

经过长时间的培训引导，在吴其伟的带领下，他的营销队伍成为了玉柴企业的销售大军。企业销量随之迅速增长，规模也不断扩大，迈入了400亿元的大企业集团行业。面对这样经过持续努力才获得的成就和荣誉，吴其伟解释说，没有自己在销售岗位上的持续学习和改变，就没有办法获得将不可能变成可能的机会。

在他人看来，从技术岗位转行作为销售，是难以取得良好成绩的，即使是想要坚持下去，都非常困难。然而，吴其伟却勇敢地对自我进行挑战，他不仅在新的工作岗位上充分适应，还最大限度地发掘出了自身潜能，将不可能变成可能。企业需要的人才，正是这种有着持续奋斗进取精神并积极向工作挑战的人，正是他们能够将不可能变成可能。

1. 做到挑战不可能，需要你对现状的不满足

只有先做到不满足，才能激励自己不断进行其他尝试，从而争取最大的工作收益。这就是在企业中为什么经验、资历、人际关系的确重要，但却并不是衡量一个人贡献价值、能力才华的最重要标准。因为有些人虽然有丰富的工作经验，但只不过是将相同的工作经验不断重复而已，他们每天都在做那些看起来十拿九稳的事情，虽然工作熟练，但是这种熟练已经

阻碍了他们的持续成长，扼杀了他们对企业的贡献。因此，你必须要做到发现现状中的问题，寻找到将不可能变成可能的突破口，才能在企业中活得更好。

2. 要学会在内心预演工作的成功

想要从根本上克服“不可能”的障碍，走出自我否定的阴影，成为被老板认可的人，你就必须要有充分适当的过程来完成对工作过程的预演。当一件工作任务放在你面前时，你需要做的不是马上抱着躲避的心理去逃脱，而是先要在脑海中思考，如果这件工作任务采取不同的工作方法、不同的工作态度进行，会得到怎样的工作效果。这就等于不断地在向自我提醒如何去面对工作，而内心对其可能完成的途径也就越来越明确。

当然，在进行工作预演的同时，你也必须从理性上分析，为什么这些工作任务会给人带来不可能完成的错觉。针对这些种种的不可能，你必须找到自我的原因，判断自己是否真的掌握了解决“不可能”的能力。如果你没有这样的能力，就应该先将自身的工作能力提高。你应该知道，向“不可能完成”的工作进行挑战，只有两种结果——或者成功，或者失败。而决定这两者不同的基础在于你有多少自信，关键也在于你有怎样的能力。

为了在努力进取的过程中收获更多，职场人不妨将不可能这个词从自己的工作语境中抹去。让自己更加持续保持自信，持续保持进取。

在“已经不行”的时候孕育新希望

人们说，没有经历过考验的爱情是美好的，但是，经历过考验的爱情，才是坚实的。这是因为，由于有过那些几乎要让爱情终结的困境，你才会和最爱的人走向更加幸福的状态，如果不是在经历了那些“已经不行”时候之后，对爱情的信心也就无从坚定。

职场人和工作之间的关系，也常常如此充满辩证特点——越是想要顺利，你就越得不到顺利；越是能承受绝望，你就越是能看到希望。就算在职场中出现了挫折和失败，你也同样不应该感到绝望。要知道，只有你打起精神，在这种看起来“已经不行”的环境下，才能让接下来的事情出现转机，否则，在负面的情绪影响下，很有可能导致之后的失败进一步延续之前的糟糕状况。

从心理学上来看，如果一个人在经历了主观上认定的失败之后，他们就会接受自己无法改变现状的事实，即使当周围环境发生了变化之后，他们也不会愿意进行尝试。这是因为，他们过于关注之前失败的经历，面对工作问题时难以解决问题的想法留下太深的烙印。当之后遇到相似的困难时，他们很容易将之同以前的“绝望”进行比较，并在潜意识里迅速认定和之前的工作结果完全相似，结果丧失工作斗志。

如果职场人出现了这样的心理，即使有些工作并没有那么困难，也会轻易放过可以成功完成的机会。但是，如果他们哪怕只是看到一点点成功可能，就决不放弃，那么将很可能因此而得到事业成功的奖励。

日本保险之神原一平，在工作中就有这种哪怕“已经不行”却还是能予以坚持的能力。

某次，原一平准备拜访某公司经理。但是，这位老总工作忙碌，日理万机，是个相当忙碌的人。任何做推销的人，都难以接近他，甚至连见他一面都需要等待机会。

经过仔细思考，原一平决定，采取开门见山式样的拜访。

原一平来到企业，见到了这位经理的秘书：“你好，我是××保险的原一平。我想拜访总经理。麻烦你帮我通报一下，只需要几分钟就可以了。”

虽然内心不情愿，但是秘书还是走进办公室去通报。很快，他就走出来说："抱歉了，总经理先生不在，你以后如果有时间再来吧。"

看起来，自己根本没有机会见到总经理了。但原一平并不这么认为，他走到这家公司的大楼门外，向门口的保安问道："保安先生，刚才我在车库里面看到那部轿车，真是神气啊。请问，那辆汽车是你们总经理的座驾吗?"

得到肯定的答复后，原一平知道，这位总经理一定还在公司里。于是，他打算采取坐守的方法，等待总经理出现。

原一平决定等候在车库的大门旁，渐渐地，倦意来袭，他竟然不知不觉睡着了。等他清醒过来时，发现那辆豪华的轿车已经绝尘而去。

第二天，原一平还是没有绝望，他继续来到这家公司，秘书依然说总经理出去了。原一平并不在乎，他还是采取坐守的方法，再一次来到公司车库的大门边，等待这位客户的出现，整整待了好几个小时。为了避免这一次睡着，原一平特意让自己站在大门边，不停地走动，保持清醒。

功夫不负有心人，总经理的豪华座驾终于出现在原一平面前。原一平趁汽车还没启动，就立刻冲上去，一手抓住车窗，另一手举着名片，向总经理介绍说："先生，请你原谅我鲁莽的行为吧。不过，我已经拜访你好几次，每次你都没有时间。在万不得已的情况下，我只能用这样的方式拜见，请多多包涵。"

总经理看原一平这样诚恳，便叫司机停下车，然后打开车门请原一平上车。最后，他不但接受了原一平的访问，还欣然购买了产品。

在这段著名的职场故事中，我们可以学到下面的一点：面对所谓的困境，即将感到绝望时，如果能换个方向，重新持续努力，就能千方百计找出失败原因并寻找突破口。正如同原一平所说："推销是没有什么限制的，只要有机会，就能找到你想要的顾客。"同样，在其他的职场工作上，也不应该为自己设定失败的限制，而是要不断寻找新的希望。

为了得到更多的希望，职场人应该努力做好下面几点。

1. 要正确面对困难、避免自身的绝望感

在工作过程中，挫折和失败并不少见，例如，一个重要的工作任务没有顺利完成，结果引起了工作集体的困难；学习很久的工作技能并不熟悉等。如果对此没有认真正确地对待和反思，总是听之任之，很容易产生绝望感，并导致不再对新的工作任务有充分信心的现象。

2. 在遇到失败时和他人进行积极正确地沟通倾诉

这是因为，和他人沟通倾诉，能够帮助职场人形成积极的记忆，让人勇于在其后对工作进行尝试。例如，可以找时间向上司请教完成工作的方法，而并非选择逃避；还可以和其他同事进行沟通，了解他们如何完成工作任务等。

3. 学会将不利的条件转变成有利的条件

那些表面上看起来难以产生大作用的工作条件，如果进行另一个角度的观察，就能够让人发现他们的价值。而之所以许多人觉得自己并没有什么良好条件工作，动辄导致对工作的放弃，正是因为他们不会开发利用身边的资源，将这些不利的资源和价值转变成为对自身有利的。这意味着，在不改变原有条件基础上，你一定要认识到不同环境因素中不同的作用目标和发挥作用的方式，从而让整个职场环境中的不利条件越来越少。

失恋和恋爱都是一种考验

人生如同一条长河，奔流而逝的水无法再重新回到岁月中。当你在职场中做出选择时，无论是跳槽还是坚守工作，都需要勇敢面对，这就如同在面对情感时，无论是失恋还是恋爱，都等于一种考验。不管你做出怎样的选择，都要用心持续做好自己的事业。

现代社会，充满竞争，尤其是在企业发展的过程中，优秀人才是促使整个企业发展的重要动力。每个企业都希望自己能够拥有更多的人力资源，正因为如此，人才流动形成了一种必然。如果你选择了离开现有的工作，那也并不奇怪，但你一定要注意，和原来工作的“分手”以及和新工作的“恋爱”，必须要符合你职业发展的整体趋势利益。

很多人之所以选择结束原有工作，不仅仅是因为新的工作会带来更好的待遇。更重要的，是新工作环境可以让自己获得更加充实的工作激情。能够通过新的工作，开始新的路程，他们总觉得，自己在新的工作岗位上可以获得更多。当然，如果处理不好，也并非所有的“失恋”都会出现这样的效果。一些人由于更换了工作，没有处理好“失恋”，反而会后悔当初自己的选择，觉得新工作并没有以前的那种工作激情。

萧山原来在公司中是负责市场营销企划的，他的企划方案经常得到部门经理的看重，并在实际营销中充分运用，因此，他对公司的业绩贡献不小，在业内也算是小有名气，不久后，一家新的公司邀请萧山到他们那儿去工作。萧山发现，对方给的薪水不错，待遇也不错，于是就选择了跳槽。然而，等他到了新的公司，才发现那儿的工作环境并不太好——员工的素质比较低，队伍的合作程度也不行，工作的效率难以提升，原本一个简单的创意，非要拖几天才能开始执行，还会导致周末加班。这让萧山感觉越来越不满，他越来越开始怀念自己和老公司那些同事们工作时候的高效率、高业绩。

后来，萧山的工作态度也变得消极起来，他经常和同事抱怨，说自己不应该和原来的企业断绝联系，还经常回忆自己之前的公司怎样怎样，说自己根本就不应该到这家公司来。谁知道，这样的风声很快传到新公司的领导耳中。此后，萧山发现，自己在公司的影响力更弱了。

和爱情一样，人们常常觉得失去的东西最好。当你失恋之后，你才开始珍惜之前的情感，而当你真正决定跳槽后，你才发现，新的工作导致了你职业发展持续阶段的失败。但是，这样的想法其实并不正确，即便你意识到这些，对你的状态有什么改变呢？你现在的后悔，不过是在浪费时间和精力，对自己状态的持续没有什么帮助。因此，我们不需要将时间浪费在对“失恋”的纠结上，既然已经做出了选择，就应该坚定地走下去。你很可能发现，经过自己的努力，就能发现自己新环境的优点，而你的工作状况也就能好起来，并最终实现梦想。

为了让你的职业延续不被新工作所打断，你应该做出下面的努力。

1. 在选择新工作之后，不要总是将新工作和之前的工作进行对比

对比的结果一旦不是那么理想，你就会对现在的工作产生不满，同时内心出现各种不平衡，这样，也就更容易影响到你现有的工作状态。因此，既然和原有的工作选择了分手，就应该避免留恋上一份工作，也不要抱怨现在的环境，这样才是能够经受得起考验的表现。要知道，上一段“恋情”之所以会结束也一定有它的原因，不会是无缘无故的。即使再做一次选择也很可能是一样。

2. 积极寻找新工作和之前工作的共同点

虽然由于“分手”之后，你的工作环境会有所改变，但不可否认，任何工作之间都会有相似点而不是完全割裂的。职场人不妨将之前工作中自己形成的习惯、方法和经验，对比现在的工作，从中寻找共同点，并明确自己新的做法。

3. 客观评价因为“分手”而不满意的原因

在更换工作之后，你之所以对现有工作不满意，必然存在原因。想要

不受到干扰，就要想方设法找准原因。例如，通过分析方法，分析自己在新的工作中是否不够认真，或者是有没有充分意识到自己的职责，又或者自己有没有熟练掌握工作技巧等。总而言之，你应该做到分析清楚原因，然后才能正确地调整自己在“分手”之后的工作情绪状态，做到专心致志。

感性的人烦恼多

毋庸置疑，每个人都有自己的感性一面，无论是对待恋爱还是工作，都需要投入自己的感情，才能真正热爱你和周围的人。但是，也有人说，工作中应该多一点理性，生活中应该多一点感性，这句话虽然有些绝对，但其实也并非毫无道理。观察那些成功生活和工作的人，他们大都选择了用更多的理性来面对职场，从而获得了更多的收获。这就说明，如果你在职场中不合时宜地陷入感性状态，很可能造成难以避免的损失。为此，你需要更好地管理好自己的情绪，甚至一定程度上改变自己的性格，防止那些由于感性带来的烦恼。

李晨是个很感性的人，他非常喜欢自己的工作，和自己身处的团队关系也很融洽。在工作中，他认真负责，但是有些时候却喜欢擅自做主。

有一次，李晨参加了一个项目的设计，某个周日，他感到自己对工作有新的想法，便专门来到公司加班。一番辛苦工作后，李晨觉得修改的效果很好，于是便打开了电脑上的 QQ，想要放松一下。恰巧，看见客户代表在线，对方很热情地打了招呼，又带着几分抱怨说上司催要设计方案太急了，李晨脑子一热，就将方案传给了对方。

等到周一，同事们从公司知道这件事情以后，全都不高兴了。设计小组的主任发怒说："你怎么能擅自做主！我已经打算将方案交给客户了，听听他们的意见，然后就开始实施方案。现在时间已经比较紧张了，可是你却自己擅自更改方案交给他们，这下他们又会重新评估方案。你是不是有点没事找事？更何况，你做这个都没跟谁打招呼吧！"

之后，连续一周，整个设计组又开始按照客户提出的新要求加班进行重新修改，最终，事情才算完结，但几乎没有人认为新的设计效果比之前的好。

李晨也很不高兴，他觉得，自己根本没有错，自己是因为想要急客户所急才提前发方案的。的确，自己没有事先告诉小组成员是不对，但是值得这样批评吗？

就这样，委屈的情绪控制了李晨对整个小组同事的看法，此后，凡是在这次事件上有意无意抱怨过他的人，都得不到他的协作。无论是工作上的互相帮助，还是私人之间的一些小事，他都一百个不愿意。在李晨心中，他认定自己今后不能多管闲事。

很快，李晨成为了办公室中的异类，这样的状态影响了他的工作情绪，人们发现他越来越慵懒闲散，业绩也越来越差。

不久他就离职了。其实这样类似的情形，在李晨的工作历程中已不是一次两次。李晨总是感觉自己有时候很容易冲动，情绪高涨的时候，工作态度特别好，特别热心想要为大家做些什么。但是这样的结果总是不好，总是被人误解，自己受委屈。

的确，每个人的性格不同，有些人更为理性，有些人更为感性。但总的来说，职场应该是理性的，如果过多使用感性态度，诸如用"我喜欢"或者"我不喜欢"来决定自己在工作中的选择，那么，这样的工作态度很可能陷入盲目冲动，而带来烦恼。

职场的真相是，你在工作中的一切投入，必然最终会需要有所回报。因此，一切你所作出的决定，其目的就应该在于提升自己的职场工作核心竞争力，否则，这种决定就很可能是有问题的，起码无助于你的未来职场的发展。

看看案例中的李晨，我们就能明白，他虽然很想把工作做好，但却偏偏因此而造成了困局，之后他的情绪化，更是让自己陷入了在办公室中被边缘化的危险中。为什么他会有这样的烦恼？这并不是其他什么原因，而是在于李晨过多的感性化。在职场中，过多的感性化很容易让你变得情绪化。尤其是对于一些内向的人，他们很容易觉得工作就是好好干活，然后用业绩说话，而忽视了理性对待问题和情况的重要性。结果，他们只是凭着感觉情绪办事，在工作过程中没有注意处理技巧，常常费力不讨好，而陷入对工作的厌倦和逃避中。

对于那些过于感性化的人，不妨采取这样的“药方”来解决问题。

1. 遇到工作中的困难、障碍时，一定要拒绝发火，做到冷静思考

要告诉自己，之所以企业给了这样的工作，是相信自己有能够理性处理工作的能力，而不是让自己发火的。具体来说，当自己想要发火的时候，应该努力让自己先安静下来，然后再做决定。同时，你可以在工作之余参加一些运动，从而缓解和释放压力，并调整好心态，做到心平气和地去工作。

2. 不要太看重别人的看法和说法

在面对工作问题时，你应该学会理智客观地对待，而不需要太多的顾虑。考虑别人的想法太多，很容易导致你工作情绪的波动，并造成原来简单的工作变得复杂起来。其实，即使是感性的人，在面对工作时，也应该学会不要很容易就被他人的看法或者说法打动，更不应该急于表态，选择

沉默，注重沟通技巧，从而让原本可能复杂的情况变得简单起来。

3. 感性化的人还应该适当多参加一些技术性的工作，多认识一些冷静的朋友，学会他们的思路，理解他们的做法

在这样的潜移默化中，你会逐渐发现，原来那个动辄投入感情看待工作的你正在变得成熟起来。

总之，感性无法替代你的努力，仅仅依靠感情，无论是恋爱还是工作，最终都很可能变得难以理顺而成为一团乱麻。从现在开始，让自己变得更为客观吧，这样就能面对未来更多的繁杂环境，而得心应手。

工作之峰再险，也要垂直登顶

职场危险吗？不危险吗？这是个问题。需知，人生本来就不是一帆风顺，而值得人们注意的是，人生往往在最险恶的环境下，却能够最安全，在貌似安全的环境中，却透着危险。观察一下我们周围所经历过的人生和工作，就会发现其中的道理——当你发现自己习惯于安全的环境时，职场的顶峰正在离你越来越远。那是因为，你已经被周围安逸的环境所征服，你很难再重新鼓舞起斗志，去面对登顶的压力，你的进取心难以持续，从此很有可能一事无成。

在某家公司担任普通员工的秦朗对此深有感触。

刚刚离开学校，进入职场的时候，秦朗觉得自己干劲十足，想法远大。一开始，他很想直接创业，但后来发现，还是要有些打工的经历，才能积累充分的行业经验。于是，他开始寻找适合自己的企业。但选来选去，要么觉得是在外地，离家里太远，要么觉得是新公司，工作有风险，或者是觉得外企不适合自己等。后来，秦朗通过父亲的

朋友，找到了一家暑期的企业，由于父亲的朋友是这家企业的大客户，对方开出的待遇不错，工作也没有压力，只是单纯机械地操作一些文件。于是，秦朗选择了这家公司。

在这家公司，秦朗发现，职场上的“压力”也不过如此，他觉得日子过得很舒坦。才不到半年，以前的同学们看到他，都说他长胖了。后来，3~5年过去了，不少人开始觉得秦朗丢掉了原来的朝气，大家都觉得他比周围人过得老气，没有多少工作业绩，也没有多少工作技能和经验，再想出去闯一闯，更是不可能了，他只能选择在这家单位终老。而与此同时，由于父亲朋友不再是这家企业的大客户，秦朗的工作前途显然更加灰暗。

从秦朗身上，我们能看到试图规避掉职场危险的想法，是如何影响了一个人的持续增长的。或许他经历了工作中一些失败的痛苦，信心遭到了打击，因此想要寻找一个安稳的环境。但是，当他真正进入了工作少压力小的单位后，秦朗还是很快就被这种安逸的生活环境改变了，而自身的职业发展也就此停滞不前。

工作环境的确能够让人发生很大的变化。不少人选择在充满艰险的环境下成长，因此他们生于忧患但同时也因为在忧患中不断突破自己而成功，因为艰难困苦的环境逼迫他们必须逐步适应环境，并融入其中，激励自己的斗志来朝向职场顶峰攀登。但是，同时也有人因为无法适应环境，而躲避其中的困难，呈现出消极的性格特质。久而久之，他们就会只是适应于同一种环境，而不能改变，甚至一旦脱离了安逸的环境，就无法持续自己的正常工作和生活。显然，后面一种人只能适应温室一般的工作环境，难以保持自己旺盛的工作能力和生命活力。

在职场中，你需要得到生命中贵人的帮助，提升在工作环境和氛围的层次，但最重要的是自己能够在工作发展的过程中不应该放松要求，主动适应压力下的环境。为此，在朝向职场顶峰垂直进发的过程中，你有必要做好下面的准备。

1. 能够积极地做好角色的转换过程

不少员工在基层工作时能够投入较大的工作积极性，愿意克服困难。但是当他们上升到职场的一定阶段后，工作表现就反而不如之前出色了，也难以达到上级的期待。实际上，这种问题都源于他们角色转换的问题。而想要改变这样的情况，就应该学会当你在职场中获得发展机会时，尽快适应自身角色的转换，并对新的困难勇敢应对。

2. 要学会克服困难，并具有垂直登顶的大气魄

一些职场人由于习惯了做基层员工，很大程度上缺乏必要的气魄，同时，他们还有可能过多地注重工作细节、工作方式方法。但是，这些特点如果为了避免职场中的困境而过分表现，就容易导致你在攀登顶峰的过程中摔倒。因此，职场人应该拒绝一味地躲避风险，才能将工作做顺利。

3. 抓住机会

在垂直登顶的过程中，你可能遇到过机会，但却没有把握好。因此，与其你期待上司来发现你，不如主动表现出自己的优点，改变自己的不足。调整好心态，保证不管什么样的环境下，自己都能积极应对，从而改掉那些影响工作进步的坏习惯。

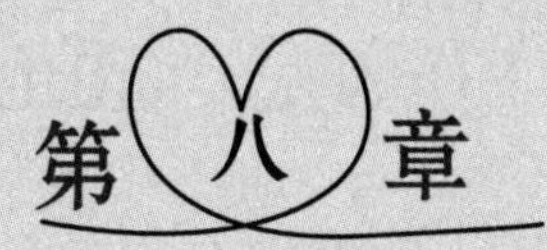

第八章

不是你不配，而是你还不够优秀

——倦怠族自救钻石法则之让自己更出色

工作因完美而出色

为什么有些人在恋爱时会缺乏安全感？为什么有些人在职场中亦会感到缺乏存在感？这并不一定是因为他们得到了什么不公平的对待，而是很大程度上源于他们能力的缺失。无论在什么行业、什么企业中，员工的价值始终体现在能力上，只有能力，才是你在上司眼中的标签，成为你无法取代的标志。你只有表现出完美的工作能力，才能避免自己被淘汰的命运，否则，你很容易成为职场中的平庸者甚至是被淘汰者。

在一家广告公司，有三位文案策划工作人员。这个月，一家房产公司作为客户，提出了请他们策划一份新开楼盘的广告文案。在该部门接下这个任务之后，他们马上就开始了收集信息的过程，并都希望在收集的过程中寻找到工作灵感，希望从中能够得到最好的工作创意。

然而，这三位文案策划员工在进行工作过程中却表现出不同的态度，形成不同的工作结果。

第一位员工并不希望获得完美的工作结果。他觉得，这个楼盘的所有信息都是繁杂的，而房产商给出的要求又不明确。这样看来，收集信息就要花费好几天时间，如果收集了信息，房产商又给出了明确要求，很有可能导致自己收集的信息派不上用场。还不如先做做其他的活，到交稿的时候，准备一份楼盘广告文案就可以了。他这样想着，到几天之后，果然凭借自己的“聪明才智”策划好了一份文案，并交给上司。然而，他的这份文案由于缺少信息量，虽然写得似乎很华丽，辞藻很漂亮，但本身没有一定的创新和审美特点，很难被客户看中。在上司随便看完之后，就将之随手扔到碎纸机里面了。

第二个文案策划人在收集了好几天的信息之后，也感到很无聊，他觉得，自己的工作太没有意思了，将自己的信心全部都折腾完了。但是，他想到，自己既然是做这份工作的，总要有所责任将文案做得像个样子。于是，他让自己站在客户的角度，从信息中整理出一些较为重要的，在这样的努力下，工作基本上算是完成了。看起来，这份文案的确真实地反映出了客户的需求，但是似乎并不是很吸引人。

最后一位文员选择了不同的方法，他从拿到任务开始以后，就运用不同的途径，收集各种有用的信息，并借助同事、朋友和网络社区等方面的资料和自己丰厚的工作经验，很快明确地捕捉到了符合这个文案的工作灵感。在有了灵感之后，他立刻开始用文字对灵感进行表达，并抓住后面的时间，对这个文案进行了充分的润色和进一步加工。最后，他终于在上司规定的期限内做完了自己应该做到的工作。当上司看到这份策划文案时，觉得具有很不错的创意，也具备相当的特色，表现出了客户楼盘的产品。很快，这份文案交给了客户，而在稍作调整后，这份文案获得了采用。

可想而知，第一位员工在不久之后就会被企业所否定而离开，而最后这位员工最终得到了晋升和加薪。

在职场上，对成功的追逐，和恋爱中对心仪女性的追逐是差不多的。每个人在刚刚进入职场时，面临的机遇都相似，他们都会通过类似的工作任务来对自己进行证明，为自己的发展前景赢得机遇。然而，由于其中有的员工没有真正认真对待工作、没有将工作完美完成，他们也就失去了自己可能得到的发展机遇，而另一些员工积极投入了工作，也就因为工作的完美而获得发展。

在优胜劣汰的现代职场中，老板想要的工作结果是完美的，而员工也只有在执行任务的过程中不断精益求精来打造完美工作，才能满足老板的期待。为此，职场人首先应该明白，工作没有最好、只有更好。在很多情况下，仅仅完成表面上的工作任务，并不能确保你的工作能够完美、你能够出色。你需要做的是在工作中不断提升自己对工作的要求标准，从而将自己的工作做得更加令人羡慕。而你也会从这样的过程中，学习到更多的知识、更多的经验。

其次，想要让自己变得更优秀，就要做好上司交给你的那些挑战性的工作。并非每个员工都能够得到上司的重用，相反，大部分人只会做好自己手头事务性的工作，而只有极少数的员工，才能接受到上司专门分配的工作。如果你能够将这些工作做好，你获得的机会也就越来越多。

最后，在出色完成工作之后，你还应该学会积极而适当地向他人推荐自己和自己的工作结果。例如，邀请其他员工对你的工作结果进行指导和评价，既能够更多丰富自己，也能够让他人看到你的进步。一次次这样地反复后，上司或者老板迟早会听到对你的大量而正面的评价，这样，你在他们眼中就会变得更加完美和优秀。

最后的1%定成败

成功和失败之间，有时候差距并没有想象的那么大，这个道理就如同在攀登爱情高峰的过程那样，即使你攀登的动作重复了成百上千次，但最终能够攀登上顶峰的动作还是要靠最后的一次动作——关键就在于，登山者能否坚持到最后一刻。

不论你从事怎样的工作，也不管你在怎样的岗位上，只要放弃了努力，就得不到最后的成功机会。相反，如果你不放弃，就能一直拥有成功的希望。当然，从另一方面来看，这也说明，即使你有99%的努力，有着对成功的探索精神，但却在最后的1%时放弃了努力，也会造成功亏一篑的局面。

观察职场，很多人之所以和成功失之交臂，正是因为他们在最需要加大力气工作、花费大力气工作、毫不放松地坚持下去时，却因为自己的松懈而停止了努力，导致输掉了最开始时投入的时间和精力，并丢失了通过展现自身能力而变得更优秀的机会。他们只能对这样的情况后悔不已，同时用越来越消极的态度对待工作。

其实，之所以说最后的1%定成败，是因为在职场工作中，每个步骤都是环环相扣的。即使你做对了绝大多数的事，只要有一件事情没有做好，就会对整个公司、单位和你自己带来负面的影响，而且，工作刚开始的阶段，那些工作步骤大都较为简单，而到了推进深入的阶段，难度则逐渐加大。因此，越是到工作快要成功的阶段，职场人就越需要付出更多。

不妨看看康成是怎样抓住最后1%的工作的。

在很多人眼中，康成的职场运气特别好。虽然他的专业在公司中并没有多少优势，而能力也并不算特别出众，但是他却能够在进入公司之后的短短两年多的时间中，在每个工作过的部门都能带来优异的业绩，都能获得令人羡慕的升迁。因此，关于他的不断提升，许多人都觉得是他把握住了运气，否则，很难解释他是怎样从行政部的普通员工做到营销经理的。

但是，学员康成成功的过程并没有那么简单。

康成最初在行政部门的工作中，就养成了积极关注工作最后环节的习惯。每当同事们完成了报告，或者工作报表已经填写完之后，他总会下意识地对之进行重新核算和检查，一旦发现问题，就会仔细地进行修改，并且从来不会声张。这样的工作习惯后来被营销部门经理发现了，他觉得这个年轻人很不错，就将康成调到了自己的部门。

在营销部门，康成同样很注意抓好工作的全程，这既是为了完成工作任务，也是希望自己能够在不断深入工作的过程中，得到越来越充分的锻炼。

某次，公司同某个大客户的采购合同已经快要谈妥了，同事们甚至开始在准备定下地方庆祝。这一天正是周五，下午快要下班时，几乎所有人都没有心思在办公室多待。但康成却还是在努力地整理着营销材料。正在这时，他忽然接到一位朋友的电话，对方告诉他，竞争对手的营销人员，已经拜访了该客户的老总，老总对两家产品并不了解，结果产生了犹豫。康成听完情况，冷静地继续了解，得知老总下周会去×市参加会议，并在周末提前到达。于是，他马上上网订购了去×市的高铁车票，并赶在周末同时，住进了老总入住的高级酒店。

接下来的事情顺理成章，康成带着×市的分公司负责人，再次拜会了该老总。对方显然没想到会在这里遇到康成，惊喜之余很是感动。在接下来的两天中，他和老总做了几次长谈，让对方终于明确了采购意向。

周一，康成回到了公司营销部门。没有人知道，正是他在最后一刻依然坚持努力，才获得了最后的成功。

和康成不同，不少职场中的人，只是在被动地“坚持”甚至“应付”着工作。每当他们看快要成功的希望时，他们的工作热情就会减退，工作效率就会下降，而不愿意继续做好最后的1%，这样，离工作成功就越来越远。

虽然看起来最后的1%并不多，但是这1%有没有做好，对于我们每个人的生活和工作却有很大的影响。为了努力做好这 1%，你最重要的是做好下面的工作。

1. 在工作过程中始终保持应有的警惕感

无论是在工作刚开始，还是在工作快要结束时，都应该始终保持对工作同样的关注度——包括来自同行的竞争、来自上级的压力、来自外界的干扰以及来自客户的要求等。一旦失去这样的警觉，很容易导致你在工作中丢掉最后 1% 而全盘失败。

2. 保持谦虚谨慎的工作态度

通常来说，人们在工作刚开始时更加仔细，而在工作快要成功时总是会有所放松。优秀的职场人会主动打破这样的怪圈，并利用自己完善的工作态度来做好工作的最后 1%。

3. 应该确保工作环境始终平稳

显然，任何一件工作都不是你一个人完成的，如果工作环境不能稳定统一，时常变化，就会造成你无法做好最后的关键工作。因此，无论工作进行到何种程度，都应该注意好你的沟通、协作方式，从而确保工作能得到最好的完成结果。

有些错误像爱一样无法回头

几乎没有人在职场中不犯错，正如很少有人的恋爱毫无波折一样。当我们在工作中犯错后，常常会想方设法为自己开脱，帮助自己释怀，但当我们在不断成长之后又会发现，有些工作中的错误，并不是可以轻而易举弥补的。

的确，工作中一些小错误是可以被改正的，也是可以被他人所接受的。然而，另一些错误则是很容易造成无法弥补的损失。

下面这些职场人，虽然有不同的工作岗位、工作能力和工作业绩，但却都不同程度地栽倒在自己犯下的错误上。通过观察他们的错误，也能够给我们带来一些警示，从而帮助我们变得更加完美。

蒋欣，工作认真，但是从进入公司来三年了，总是只会将分内的工作老老实实做完。开会的时候，他从来不会说自己的想法，工作过程中，也只看得见自己的责任，谈不上什么全局观念。因此，不论什么样的提拔晋升，都没有蒋欣的机会。

蔡琳，是公司的部门经理，对公司做过不少贡献，手上有几个大客户。因此，他动不动就跟公司老板提出要各种待遇，还要求将部门的位置放在整个公司之上。结果，一直表面重用实际上有看法的老板挖来人才，将蔡琳顶替，蔡琳只好选择走人。

王经理，是公司的人力资源部门经理，他经常在会议上提出公司人力资源管理的问题，却很少提出解决办法。部门做出来的方案，他也不知道如何贯彻到各个部门进行细化执行。最后，老板感到很失望，整个人力资源部门的员工也感觉是在混日子。

赵经理，是被“空降”到某公司部门的经理人。新官上任，他希望自己能够迅速改变部门的弊端，于是迅速进行理念引导、业务调整、结构重组、业务合并等。但是，他很快发现，这些事情中间没有一样能够得到迅速执行，反而导致部门内部的利益矛盾激化。最终，赵经理成为这些问题的替罪羊，而被请出了部门。

当然，这些只是职场中应该避免的错误的主要类型。更多的错误，很多时候正是在我们不经意中犯下，直到出现令人厌倦工作的恶果，才发现为时已晚。对于职场人来说，想要变得优秀，并不能只是做加法，同时还要做减法——研究怎样减少错误，最终不出错。

想要做到这点，首先要有勤奋努力的工作态度，用勤恳的努力，来弥补我们可能在工作中犯下的错误。古语说“勤能补拙”，勤，就是通过端正的工作态度、不断提升的工作效率，来减少我们可能因为“拙”而产生的错误。这两者之间的影响，是相互的，只有不断付出勤恳，才能不断减少错误。

其次，想要减少工作错误，还需要在工作中对自己进行正确定位。在目前的企业中，上司和下属的关系，很大程度上决定了你工作结果的评价。作为这种传统和现代相互影响的组织结构一员，有必要对自己从内而外进行准确定位，和上司正确相处。

例如，你不应该认为自己总是正确的，事实上，认为自己总是正确的、下级总是要服从上级，是每个上司基本的心理倾向；又如，职场人不应该认为被上司批评是一种耻辱，而应该将之看成上司对自己的信任和关心。

再次，要把握好职业和非职业角色的转化，在工作中，你应该体现出自己的职业特点，避免私人感情和关系的影响，而在工作结束后，你可以和上司适当发展个人关系来影响他的评价。

最后，你还应该注重研究上司的工作风格，避免因为不能适应工作风格，而无法主动变化，导致错误出现。

当然，想要在职场中不会犯下致命的错误，职场人还应该注意好下面的细节。

第一，应该友善对待周围每个人，多给他们微笑并打招呼，这些人不仅应该包括你的同事，也应该包括公司的保安、清洁工。这样，你才能得到其他人的善待和尊重。

第二，不要卷入办公室的各种流言飞语中，不要背后去议论同事，如果有同事当你面提起某某同事的评价，你也不要随便附和，而是要转移话题。

第三，不要去随便进行承诺。尤其是那些没有把握做到的事情，更不能轻易承诺，否则无疑让自己背下未来的包袱和压力，并可能犯下对方无法接受的错误。反之，谨慎承诺并慷慨给予，才能获得更多的认同。

关心细节的人少走弯路

如果你想要在工作中有所成长、有所建树，就要拥有一颗苛求细节的心。其实，自我成长并不是那么遥远。就像在爱情中，只要我们能够认真投入地为他做好每一件小事情，哪怕再小的事情都做完美，就能够在不断地细节累积下，到达爱的顶峰。

这就意味着，我们对待每一件事情都应该用更高的标准、更高的要求，精益求精，只有这样，才能取得他人难以企及的成长。实际上，职场中的很多人都知道细节有着怎样的重要性，但是未必能够在工作和生活中真正做到时刻地关注，再加上细节本身就是容易被忽视的，因此，人们更容易只看到自己在职场上的直接得失，而并不在意细节的存在意义。正因为如此，那些能够从一开始就抓住细节、关心细节的人，就会在职场上少走弯路。

可以说，真正懂得细节作用的人，才是职场上的智者，而能够用细节上的工作来塑造自己工作习惯、工作态度的人，才是事业上的成功者。

再来说说苹果的创始人乔布斯，以关注细节而著名，正是对细节的看重，铸造了他的辉煌，也带来了苹果公司的辉煌。

很多人都是被这样的场景所吸引而关注苹果的——总是穿着黑色毛衣和蓝色牛仔裤的乔布斯，一次次站在演讲台上围绕着最新产品侃侃而谈，显得轻松随意地展示着产品的功能。可是，却少有人知道，为了完成这样的完美演讲，乔布斯和他的员工们需要花费多少时间和精力来进行准备，这种演讲包括了非常精细的各种产品宣传介绍、产品展示和企业团队的整体配合。为了能够准备好这些细节，在演讲开始前几个星期，就进行恰到好处的准备，从每个细节上去配合演讲的成功。

通常，早在几周之前，乔布斯就会和自己的员工共同将软件先进行演示，从而确保整个演讲过程中能够有正确的关键细节，接下来，整个小组会按照乔布斯对细节的指示，寻找到视频、图片等资料，然后由乔布斯集中审阅。乔布斯会按照细节完美的标准，删掉其中大部分，然后再要求小组成员再次找到更好的——这个过程很可能反复数次，才能确定最终的资料和方案。当演示方案确定之后，整个小组将会关注更多的细节，包括整个会场是怎样布置的、舞台如何进行设计、从灯光到音响再到特效等，以及用于网络直播的转播等，这些细节也会进行反复排练。而乔布斯自己在演讲之前，也会花费几个小时去反复进行练习，从细节上让人们感到，这些话语是他本身的即兴发挥。在一些重要的演讲之前，乔布斯还会进行多次的彩排演练，并反复修改资料，直到自己能够将每个环节都熟悉。

正是因为对细节的苛求，乔布斯的产品展示才给人们留下优秀出色的印象，而他和他的员工的工作，也因此更添完美。

乔布斯自己说过：“人的一生没有办法去做太多事情，因此每件都要做到精彩绝伦。”可见，细节推动了人们的成长，含有重要的意义。忽视了细节，就会导致种种失败，并破坏了工作积极性。

在职场中，我们应该学会从下面的角度去看待细节、远离倦怠。

1. 观察团队工作中配合的细节

每个团队都是由不同性格、不同背景、不同能力的成员组成的，无论作为团队中的一员，还是团队的领导者，都有必要观察好团队成员相互配合的细节问题，如具体的沟通、了解、认识、磨合、协作等问题，并想方设法，进行解决。

2. 看清楚工作问题的细节

任何工作进度中都有可能出现困难，想要解决这些困难，仅仅有战略高度是不够的，还需要职场人仔细地研究问题的产生背景和原因，寻找问题的呈现方式，确认问题影响到的工作效果，并从这些细节出发去把握对问题的解决过程。这样，工作才能做到有的放矢，而不是浮于表面、空洞无物。

3. 加强事先的精心计划和安排，做好预案和准备方案

同时，还要加强对工作程序的熟悉和了解。并能够根据事先的计划和通常的程序，追踪工作过程中的节点，注意对工作反馈信息的整理，并做好相应准备。通过上述方法，你的能力将得到检验，并获得提升。

身在起点，心在终点

职场中，做决策看起来是老板的事情，而身处员工位置的职场人，似乎也只需要坐等老板给出命令并照之执行就可以了——有人说，这就如同赛跑，老板永远站在终点线上，为职场人划出目标，而怎样跑则是职场人的事情了。但你是否想过，如果当你站在爱的起跑线上却没有想到终点，那么又如何保证这一路上的付出是值得的？

其实，一个真正将工作当成恋爱的员工，是善于从老板角度着想的，同样也善于为老板排忧解难。他们会在站到起点线的时候，就去按照需要了解工作情况，整理清楚头绪，充当团队中的引路人，而并非只是准备盲目工作而将决策的压力留给他人。

那么，职场人应该如何才能做到站在起点，就能看到终点呢？要弄清楚这样的答案，你必须要对工作的企业在特定时间所面临的不同工作问题进行回答，也就是能够更为战略性地考察自己工作的来龙去脉，发现自己工作是如何影响到整个团队乃至整个企业的。

某公司财务部门的小刘，一开始并不注意自己的工作节奏和整个企业的配合，结果她发现，要么是自己非常忙碌却并不讨好，要么是自己的工作和团队工作重点难以同步。这些问题，让小刘眼中的工作变得比什么事情都让人厌烦。

后来，她发现，想要做好自己的工作，必须要对整个部门工作重点有所了解，甚至要对整个企业的工作节奏有所了解。

比如，结合公司在某个时间段的生产状况、销售状况，提前做好准备，研究确定公司面临怎样的财务重点问题进行解决。

又如，应该及时对不同的工作困难进行分类的排队，进行比较之后，才能找出自己哪些工作任务会更主要地影响企业的经营状况。

而在完成这些预先的认识工作之后，小刘还会根据发现的主要问题，去研究制定自己的工作对策。她认为，公司和部门整体经营是不间断的，在这样的过程中，必然会出现新的问题。因此，她原来打算设置的工作方法，肯定会随着时间、环境和客观情况的变化，而产生变化。这样，自己就更需要及时理清楚头绪，发现工作重点。

采用了这样的工作方法之后，小刘的工作节奏变得更加高效，也符合了部门和企业的要求。

和小刘一样，职场人的工作决策，本身既是硬性的，也是弹性的。而员工对于自己的工作，也不能采取刻板的方法，而是应该采取灵活的观点，提醒自己控制好决策过程，这样才能做到有先后顺序。只有这样，你才能让上司感到你的工作态度是端正的，工作看法是成熟的，他才能对你给予更高的评价。

为了达到这样的良好效果，你一定要学会运用自己的工作智慧，及时看到工作的全局，并对上司的决策提出帮助。否则，你很容易丢掉自己进取的机会，而难以得到重视。另外，你还需要多收集除了你的工作岗位之外的职业信息，了解整个行业的情况，当你的工作需要这些信息时，就应该随时调集出来进行自我思考和分析。这是因为，想要看到更广泛更系统的工作全局，就必须要依靠信息来作为自己预测和决策的材料。其中，不管是对自我工作目标的提出，还是对工作过程的前瞻，抑或是对工作方案的制订、评价和选择，都需要以这些充分的信息来作为依据。

通过下面的方法，你可以得到更多更准确的信息，来分析好那些看起来是远在终点的事情。

1. 学会分辨信息的真伪程度

为了看得更远，员工应该将自己收集到的不同信息进行分类，然后按照大的分类将那些“水分”较多的信息予以删除，并将真实或者基本真实的信息予以保留，再为下一步工作做好准备。

2. 进行积极地对比分析

在开始工作之后，职场人经常会发现接下来的步骤会有着不同的选择，如果你只是看重那些表面上有好处、效率高的工作项目，就很可能导致整体工作效率的下降。为了将自己的步骤选择好，就应该对不同信息在成本、收益和风险上进行综合对比，并得出结论。

3. 还需要对利用的信息进行精准预测

任何信息都不可能是静止的，更不会完全由你掌握，随着客观情况的变化，你必须要预先对不同的信息怎样发展、变化做出准备，才不至于跟在其他同事后面疲于奔命，相反，你将能够比他们早看到终点的光芒。

敏锐度总是越磨越高

职场工作中，没有充分的竞争动力，就没有充分的发展。就好比一段感情不经历风雨洗礼和岁月的磨砺，就无法为今后的婚姻打下坚实的基础。同样的，现代社会中，职场人们面临着的最主要问题就在于怎样投入竞争。对于个体的职场人来说，他们也需要有自己的竞争特色，否则，等待他们的很可能是淘汰。

一个真正优秀的员工，他们可以做到对挑战积极迎接，他们不会盲目等待和规避，更不会轻易退避。最重要的是，这些优秀的员工具备了敏锐的工作眼光和思考能力，能够用独特的眼光去审视自己的工作，积极地发现工作中蕴藏着的危机或者机遇。需要知道的是，在工作的推进中，随时会出现那些新情况，即使是其中最微小的不同，也会影响到整个人在工作中的变化。提高自己的敏锐度，才会很快找到工作的正确道路，进而帮助你打开成功大门，创造出优秀的工作业绩。

从某种意义来看，每个员工都是经过学习和工作锻炼的人才，他们有着各自的强项和弱点，但也有着不同的独特才能。员工应该根据自己的才能特点，发展出自己的职业敏锐感，并进一步发扬长处、回避缺点。在这样的过程中，他们需要花费比别人更多的工作时间、工作精力，并投入更多的思考，这样，他们的想法才能比其他人有更多敏感程度，并因此而积累成为个人的工作经验——这种工作经验对职场人来说非常宝贵，同时，许多企业也都希望自己的职员能有这样的工作敏感性。

从这个角度来看，兢兢业业的劳动者，在这个年代是不够的。作为员工，一定要有敏锐的发现意识，有超过平均水平的发现问题和思考问题的追求。这就需要职场人能够超越自我原有的思考水平，积极磨炼自己，进

行发展和创新。因此，从个人的工作角度来看，经常学习一些新的知识和技能，才能扩展自己的认知度，使得自己具有良好的创新能力和竞争能力。而利用这些知识和技能，他们将能够发现其他人眼中不是机会的机会。

在一次商业谈判中，销售经理自信十足地向客户介绍完自己的产品，然后说道："您刚才也看见了，我们的产品的确有着很好的质量，我相信，使用我们的产品，会帮助您解决很多现实问题。"

然而，客户代表却说道："不错，你们的产品质量是很好，外形款式也可以。不过，从其他因素上看，我们企业打算使用××品牌的产品了。何况，我们公司高层一直都指示使用那一家，真是不好意思。"说完，客户代表露出一丝遗憾的神色。

如果是普通的销售，很可能就无法把握这次谈话，但这位销售代表恰恰是在工作中敏感度很强的人，他在短短的数十秒钟就判断出来下面的事实：首先，客户代表很认可自己的产品；其次，所谓的其他因素，是指产品的价格带来的成本；最后，公司高层很可能是指负责业务的老总级别的影响。

带着这些判断，销售代表首先稳住了客户代表，建议他稍微拖一拖向上汇报的时间。在接下来的几天中，销售代表很快从主管那里拿到了最大的折扣，同时，也找到机会，带上了自己从专业检测机构拿到的产品数据报告，和对方副总进行了充分接触……最终，这位销售代表排除了一切干扰因素，完成了这笔单子。

试想，如果我们是这位销售代表，面对客户这种委婉的拒绝，是否能发现对方内心的真实想法。我们是否能发现客户拒绝我们的真实原因？在更多的情境中，客户的拒绝既有可能是信心不足，也有可能是资金不足，或者是想做出更多考察，也有可能是旁边有什么干扰因素。在这些不同的情境中，职场人的敏锐力就成为了是否能够打破工作困境的关键因素，缺少这样的感知力度，你就会觉得工作越来越让人看不懂，让人感觉劳累不堪。

不仅仅是销售工作，在其他工作中，也需要你具备像狼一样的敏锐度。在不断变化的环境中，能够发现机会、挖掘机会和把握机会。

为了磨炼出自己的职业敏锐度，尽早达到自己的事业目标，你应该从多方面训练自己的职业敏感度。

首先，你要做到能够洞察工作进程中变化出现的真实原因。为此，你需要努力地和职场中的不同对象进行沟通，而更重要的关键，在于让上司、下属或者客户能够接受你的看法，对你提出的方案动心。

其次，你还应该能够正确预测出不同人在工作中有怎样的行为反应，在预测出他们的反应变化之后，就能够做到选择好自己的工作角色和方式，从而确保接下来的协作或交流的顺畅性。当然，你还需要创造性地调整好自己的工作角色和工作方式，从而满足对方需求，并保证自己工作环境的平稳。

最后，你还需要及时地发现上司、下属和客户对自己期望度的变化。这是因为不同的企业都面临着变革和提高，无论是业务发展还是技术开发，或者是企业文化的特点等，都需要职场人积极地参与其中，并发挥自身作用。因此，如果员工能够从这方面多磨炼自己的敏锐度，就能更好地让自己适应变化，在变化中求得稳步的上升。

不是“最好”的，但是“完美”的

恋爱中的人并非永远那么“理智”，常常有这样的情况：看起来根本不相配的恋人，承认对方并非最好的选择，但他们依然相信，自己选择是最“完美”的。这种所谓的完美，当然不是指超越一切其他竞争者的完美，而是指最合适的完美。

应该知道，在这个世界上，不管是谁，都会有属于自身的一片舞台，一个能最大限度发挥自己特点的空间，同样，在这样的舞台和空间中，自己的表现也会是最好的。只有当你和这样的空间相互寻找、确定之后，才能尽情地发挥自己的潜能，找到属于你的工作和生活轨迹，同样，也能让你所在的企业得到更好的人才，并因此而提升整体的工作业绩。

所以，当你看到职场中其他人不断获得成功、不断有所提升的时候，先不要急于羡慕，而是多问问自己，是否找到了最完美的自己，是否有着充分合适的空间。如果不是，你就应该努力寻找到能够让自己最合适的空间，相信自己可以变得更加完美。

另外，即使在你的生活和工作中发现自己并不完美，也无须担心，因为那并不是你缺少才华或资本，而很可能是由于你没有做出正确的选择去让自己变成工作环境中最完美的人。

陈杰原来在A公司工作，虽然他的业绩不错，但是他发现自己并不开心，经常觉得对工作厌倦、对上司反感，对人际关系也感觉很乏味。因此，周围的人看到陈杰最多的表情就是漠然呆板。

其实，陈杰想过很长时间，他觉得自己的性格可能不太适应这样的工作。陈杰最喜欢的就是那种无拘束的交流、没有太多的工作规矩，可以随意发挥自己的特长，而且和周围人相处融洽如同一个体育团队。但是，陈杰又舍不得自己在这家公司获得的业绩基础，他觉得，如果跳槽到一家普通公司，很可能在收入上就降低了。

因此，即使陈杰对工作并不满意，也难以开心起来。他还是勉强带着厌倦感，维持着自己的工作。但是，他每天都在怀疑，自己还能维持多久。

如果你是陈杰，你会怎样面对自己的处境？是继续扮演A公司中的优秀员工，还是选择换一个环境——虽然工作收入可能有所降低，但进入一个更加适合自己工作和生活追求的环境呢？这是每个人都可能面对的问题——在前者的状态中，你可能短期内看起来也很优秀，但却缺少长远的动力保证你持续优秀；但在后者的环境影响下，你很可能成为最适合和完美的员工。

职场人必须明白下面的简单道理：想要变得完美，并不完全在于你个人的努力，如果你只是看到主观因素，看不到客观影响，那么你很有可能在追求完美的过程中身心俱疲、越来越盲从。虽然朝向优秀看齐，是每个人正常的工作追求，但是你并不一定需要被他人的光环所笼罩，更不应该放弃自己可能的完美而去复制他人的成功模式，最终丢掉自我。

想要成为“完美者”，不妨先学会了解自我、审视自我，然后再去寻找可以给自己最完美能力的“恋爱对象”。

1. 了解自己的内心倾向

内心倾向，很大程度上是决定一个人在职场上能否走向完美的关键。你应该做的是先去压制住自己不断追求成功的欲望，并仔细观察了解他人是怎样在自身环境下完美成长的，然后再做出是否行动的决定。

2. 应该审视自我能力和周围环境是否合适

举例来说，如果你的交际能力很出色，那么在销售的圈子中，你很可能越来越完美，但如果你从事的不是相关工作，就很容易产生压抑的痛苦，并对工作感觉倦怠无比。这种倦怠会让你的工作心理越来越消极，并消磨你的才能。为此，你必须找到最适合你能力的行业，让自己因为同环境的契合而完美。

3. 选择好积极向上的环境，才能让自己更为完美

如果一个人能够在积极向上的环境中工作，看到更多完美的同事，他

就会更加努力勤奋，并发挥自己最好的工作状态。反之，他很可能被群体同化。因此，挑选好自己所处的组织环境，也同样重要。

作为职场发展的规划师和建筑者，是走向完美，还是习惯于倦怠，在于你自己的选择。请记住你对完美的追求，然后努力改变自我，终会看见属于你的那一方天地。

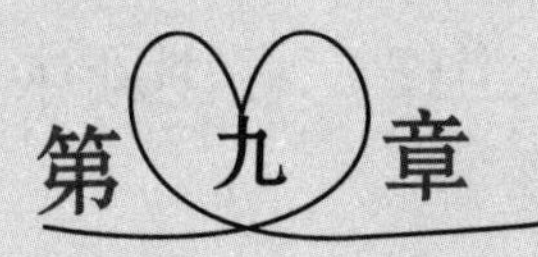

用多一点新意才能交换多一点心动

——倦怠族自救钻石法则之在创新中沸腾

爱（工作）在创新中沸腾

如果想要让爱情保鲜，我们就需要用自己的创意为它注入一丝活力。职场也是如此，随着工作时间的推移、工作环境的变化，职场人很容易发现，之前许多工作内容和规则都在悄悄发生变化，而自己的工作很可能跟不上时代步伐。最显著的是，不少曾经能够解决工作问题的经验，在今天已经不再那样有效，甚至还可能让你对工作的爱变得冷却下来。

其实，不单是职场，在生活中，很多事情也是在不断变化的。无论衣食住行，如果今天依然遵循过去的方式，将会有很大的不便。因此，为了能够跟上时代发展，并适应情况变化，在工作中，职场人必须要及时创新，拒绝墨守成规，才能维系你对工作的爱意。

然而，工作中总有一批人，他们习惯于按照老一套工作方式来处理工作问题。在他们的理念中，认定既然有人能够按照原来的方法解决问题，那么自己面临的问题也可以解决。但当他们发现情况不同时，他们将很容易产生抱怨情绪，并最终导致对工作的倦怠。

无论哪个行业或企业，都不愿意让这样的员工来工作，因为他们的思想保守、工作方法落后，很容易因为不断重复相同的工作模式，而导致工作团队整体的懈怠。企业的要求正好与此相反，他们希望你能够不断看清楚工作的变化，及时打破藩篱，并创新改变自己的工作方法，适应这个瞬息万变的职场。

1956 年，美国福特公司曾经推出一款新的车辆，这款车辆不论从外形还是性能上都很出色，价格也不贵。然而，由于市场反应一般，销量始终不高，传统的销售手段似乎都难以奏效。

当时，全国销售该车型最差的地区在费城。费城分公司的一名见习工程师名叫艾柯卡。他并不负责汽车的销售，但却对该款汽车的销售方法产生了创新的兴趣。为了帮助企业走出这样的僵局，他开始琢磨起来，不久之后，一个新的销售模式闪现在他的脑海中：让顾客只花 60 美元的首付，就能买到一辆崭新的福特车。具体来说，凡是愿意购买这款新车的顾客，一开始只需要付出车架的 1/5，剩下的 4/5 余款可以在三年内付清，每个月只需要付 56 美元就可以了。这样的付款方式，显然有更好的回旋余地，而在当时，分期付款还基本上没有出现。

因此，当这个创新点子提出后，很快得到了公司高层的赞许，随着广告的打出，很快就吸引了大量消费者。短短数月之后，这款汽车在费城的销售量上升到全国的首位。

曾经有人这样总结过：“在工作中，我们必须不断地进行变革和创新，这样，才能充满工作活力。”的确，像恋爱一样，我们需要不断改变原来的印象，寻找新的感觉，而在工作中，你也有必要改变以往的陈旧经验，转变工作思路，寻找更加适合问题的新工作方法。

为了更好地创新，你必须首先突破思维定式的束缚。不要总是按照习惯来进行工作，而是要学会忘记习惯、否定过去，才能顺应事情的发展。

其次，职场人还应该学会尝试多用几种不同方法去应对同样的问题，这样既可以训练自己的工作能力和工作思维，也可以为今后不断地创新打下基础。

最后，你还应该学会有效地从模仿开始，吸收他人的智慧和经验，无论是上司、同事或者是下属，包括同行业竞争者、客户和合作者，乃至生活中观察到的工作经验，都可以提供给你作为创新的灵感。

懂得根据情况变化而变化的职场人，迎接他们的是工作事业的成功，否则将会是难堪的失败。

你敢于走，便成了路

虽然创新的小点子能让爱情保鲜，但创新的道路并不容易开始。尤其在工作中，这并非完全是因为职场人缺乏创新灵感，更多的可能在于他们缺乏相应的勇气。许多人之所以难以开始创新，是因为他们在拥有一次的成功经验之后，就会习惯于依赖这样的成功经验——他们害怕一旦改变工作方法，就会导致失败。然而，真正能够不厌倦于工作的人，会始终具备应有的勇气，不断去自我挑战，他们虽然也害怕失败，但是更害怕失去对工作的激情，因此，他们终究会走出关键一步，打破原有习惯的束缚，直面创新风险，站上职场不断刷新的成功纪录榜单上。

当然，创新具备的勇气，并非盲目进行，而是一种继承了之前基础的适当的冒险。在职场中，敢于创新的人，同时还应该具备严格分析的态度和充分熟悉的经验等，这样，创新的勇气才能得到真正科学的运用。

美国的心理学家阿瑞提曾经说过：“创新，意味着去创造过去没有的东西。”这种创造当然要利用自己的勇气，去真正打破原有的逻辑，走出常规的工作思维模式，才能获得原有的可能性。

不妨对照下面的七个勇气等级，去判断自己在创新方面的等级高度。值得注意的是，创新高度的不同，也会带来工作成功程度的不同。

第一级勇气程度：具备了很强的创造精神、想象力，能够经常性地打破常规，创造出独特而高效的工作模式，解决重要问题。这样的员工经常会被组织认为“智多星”“点子最多的人”。

第二级勇气程度：能够较为机智地看待问题，善于运用较新的工作方法来解决问题。

第三级勇气程度：比起一般员工来说具有稍多的创新勇气，因此偶尔能够给出带有想象力的工作建议。

第四级勇气程度：能够发挥勇气，接受上级和其他同事给出的创新见解，但他自己的工作思考却显得较为平淡。

第五级勇气程度：能够有勇气去向上司和同事学习，并对他们的意见进行思考。

第六级勇气程度：对别人给出的创新意见不敢接受，而是习惯于按照传统的方法工作。

第七级勇气程度：完全不愿意去考虑创新，而是满足于上级的指示或者依赖自己的习惯，即使这些习惯已经明显不合时宜，也必须要等到有了指示才会去进行思考和改变。

显然，职场中人都希望能够成为第一级勇气的成员，因为这样意味着能够走在整个团队的前面，勇于进行创新，并对现状进行改革。如果你真正做到这一点，就意味着在职场中跳出了旧有的途径，不满足于现状，而是为整个企业团队带来了最佳的工作路径，打造出新气象、新价值，通过这样的途径，你也能够成长为企业的栋梁。

怎样让自己拥有创新的勇气而避免对工作产生枯燥感呢?

首先，你可以依靠纵横思考方法，来学会不同方向的思考过程，当这样的思考成为习惯，你会发现自己已经并不害怕提出创新见解了。比如，你可以按照工作的直线关系推进思考，从工作的这个环节推导到下一个环节，然后再按照工作的横线关系推进思考，从其他部门、其他员工的角度来看问题。

其次，你可以用一些策略来加强个人创新的自信和勇气。例如，当众向大家做出创新承诺、专注于创新的程度、迅速做出创新行动、随时对创新进行修改、积极地自我暗示等。虽然这些工作一开始会让你感觉很吃力，并导致阻碍和挑战出现，但是只要运用得当，习惯就会逐渐养成。

最后，想要获得充沛的创新勇气，你很可能需要寻找自己在职场上或生活上的导师。例如，那些工作有突出成就的上司和同事，都值得你予以积极地请教，了解他们对工作的看法、获取他们观察的角度，得到他们的鼓励。这样，你就会逐渐积累创新的勇气，并能够一往直前。

“扫地”里的创新智慧

勇于创新、善于创新，是一对爱侣能否保持内心世界年青化的重要标志，同时，也是一个人在职场上能否获得持续发展并在竞争中脱颖而出的动力。伴随工作能力的成熟、工作职位的提升，许多职场人都会自然而然地变得保守行事维持现状。对于他们来说，从小事情中寻找到创新求变的方法，可能更具有启发意义。

综观那些已经成名的职场人物，很多都是因为具有了成功的创新思维和做法而成名。在他们身上，似乎有一种魔力，总能将灵感和激情关注在创新上。实际上，他们并非天生如此，而是从细节的创新开始打造这样的能力，逐渐变得更容易发现问题，更容易打破常规解决问题。

想要获得创新的能力，必须要从细节的创新着手。这是因为当职场人在职场上度过了最初的一段时间后，伴随职场工作和生活的规律化，新鲜感很快消失，而不断地辛勤工作开始进入他们的视野中，这样很多人都会变得忽视身边的细节，而只能看到遥远的目标。此时，他们并不知道的是，自己站到了创新能力是否得以发掘的十字路口：一边是选择忽视细节的创新，结果只能忍耐工作，平凡地在岗位上工作下去；另一边则是选择用哪怕最小的创新来不断给工作增添色彩，让自己的职业生涯得以提高。

其实，创新本身是最可贵的，而并非要做出什么重大的改革。哪怕是在最小的事情上进行创新，都是对职场现实的一种有效改变，只有先意识到这样的改变并予以实行，才是健康工作的开始。而通过对细节创新的挖掘，可以将每个人身上的创新能量挖掘出来，并进行成功运用，积极开发自身潜力，形成创新的长期习惯。

对于那些聪明的职场人来说，哪怕每天只是在工作上创新一点，他们也需要不断地用这种方法来证明自己。即使每天的创新带来的进步微不足道，但是如果经过长期的积累，就能够形成必然的巨大变化。

有位成功的职场人，曾经用扫地作为例子，向新人们介绍自己是如何获得强大的创新力的。他说，自己刚进入企业时，在公司下属的企业中负责操作机器，每天操作结束以后，需要将现场清理干净。一开始，他总是机械地扫地，没过多久之后，对这样的工作步骤就感到很厌烦，担心一辈子都会这样做下去。于是，他开始寻找创新的可能，例如，自己总是喜欢将扫帚从右向左扫，可以试着改变扫地的方向；以前喜欢将废弃物扫到工作区域的一角，从今天开始试验着从四周扫向中间……

有了这样的创新尝试，他忽然发现，扫地其实可以带来很多创新乐趣。例如，他想到如果只是用扫帚打扫的话，可能难以清理，还可以试用拖把。但使用了拖把以后发现，效果还是不太好，于是想到向上司建议花钱买一台共用的吸尘器。当然，吸尘器是需要花费成本的，但从长远来看，吸尘器可以节约工人的时间和精力，提高他们的劳动效率，这样，就能够说服上司了……

就这样，对扫地这样的小事，他都开动了脑筋，想出了很多创新的点子。这些创新的点子当然不可能全部都实施，但由此，他发现了多想一点、多做一点的乐趣。渐渐地，他开始钻研起身边一点一滴工作的创新来，积累的工作观点和方法越来越多，成为了车间内的技术骨干，后来又被调到公司担任技术部门的领导。

当回忆起自己最初如何形成创新习惯的时候，这位技术经理认真地说道，如果自己当时觉得不过是在扫地，而懒于进行改进，每天都是漫不经心地度过。那么，自己就很难发现创新的乐趣，无法看到自己的发展，可能直到现在，工作还是原样而已。

由这个成功的职场案例可以明白，创新不分大小，形成习惯才是最重要的。

首先，职场人需要意识到，创新不一定就是高新，我们中的绝大多数人并不可能都懂得高新技术，但这并不妨碍我们对工作的细节进行创新，应该做的是先关注工作中的一点一滴，无论是在技术还是在程序上，都可以找到能够创新的小事情来推动自己的竞争力。

其次，即使细节创新，也要找到最有价值的细节，这是因为任何组织都有自己的工作目标，而这样的目标是高于目前现状的，只有你所选择的细节创新能够有效改变现状，才能确保这样的创新是有意义的。

最后，细节创新需要寻找别人尚没有重视到的事情，包括工作中的空白或者薄弱环节等，正因为他人没有重视，所以你如果集中注意力在小事上进行破解，改变自己的思维方式，就更容易进入他们所没有进入的全新境界。

总之，在工作中，你所有发现的遗憾，所有产生的希望，最终都可以归结到细节的创新上去，这些创新愿望大都能够从不同侧面向你指示出自己潜在的能力增长点，由此你所作出的改变，一定会受到整个工作团队尤其是你老板的欢迎和重视。

不怕外行，就怕不敢发挥想象

爱因斯坦说，想象力要比知识更重要。的确，丰富的想象力，不但能够推动我们在爱情中点燃激情的火花，也利于我们在工作中去积极发现新事物，而且还能够激发我们去积极发现新事物并进行创造性工作。

在职场中，很多员工的想象力并不丰富，甚至可以说很难表现出想象力。因此，他们的创新意识也自然薄弱。可以说，想象力是创新能力的火苗，也是创新得以成功的翅膀，对于一个人是否能取得成功有着至关重要的作用。这是因为，所谓想象，是人脑对现有的表象进行重新加工改造，进而形成新的形象的过程。当你在职场中能够积极运用想象，打造出新的工作形象，就能围绕这些形象运转自己的创造性思维，并体现出种种特征。这些特征包括善于联想、善于摆脱思维定式、善于发现问题和提出问题等。这就说明，想象是创新基础，也是创新的催化剂。如果在职场中总是认为只有内行人才有资格想象和创新，工作就会难以进步。

不仅如此，在当今的市场竞争下，任何一家企业，都需要重视创新才能得到长久的发展，在这种情况下，那些具有丰富想象力的员工，很容易在上司眼中表现出自己的价值，并满足企业老板的迫切需求。

1952 年，日本东芝电气公司曾经挤压了大量电扇产品难以销售。销售部门的员工为了打开市场，费尽心思，想了各种办法，进行了多种促销活动，但是依然没什么进展。

就在此时，一名根本不是销售部门员工的女工站在外行的角度，向董事长提出了一条建议：改掉电风扇的颜色！

在当时，全世界的电扇只有一种颜色——黑色，东芝电器的电扇产品自然也是这样。而女工提出的建议则是将死板的黑色改成有区别的浅色，这样的建议一提出，就获得了董事长的高度重视。经过高层讨论和市场部门的研究后，公司决定立即采用这个建议。

第二年暑季时，东芝电器公司推出了一批彩色电扇，很快吸引了顾客的注意力，市场上在短短时间内掀起了一股抢购的热潮。几个月之间，公司卖出了数十万台电扇。从此之后，在整个日本及全球，电扇的外形都得到改变。

为什么身为内行的营销部门人员没有做出这样的创新，相反，却是一名销售外行的女工提出了成功的方案并带来如此巨大的收益，其实想象并不完全和工作经验有关，而是能够受到一个人对工作的关心程度和思维创新程度的影响。只要有足够的勇气，及时打破瓶颈，就能得到良好的想象动力，打开想象空间，叩响事业成功的大门。

创新往往发生在你最想象不到的地方，为此，你必须要用下面的方法提高自己的想象力。

1. 应该有广泛的知识面

众所周知，只知道自己本身工作的人，即使对某些工作环节有疑问，也难以通过想象获得解决问题的方法。只有培养自己广泛的关注面，才能够让想象力获得广阔天地。

2. 要善于抓住不同工作之间的相似性

对想象力的提高和培养，要求你应该积极抓住工作之间的相似性来踏上想象之路。因此，你不需要太过于纠结于自己是外行还是内行，而是可以放胆想象，告诉自己即使想象出现错误，也不会造成实际上的损失。这样，你才能够有机会触碰到最好的可能。

3. 职场人应该保持好奇心

没有了好奇心的人，永远不可能去探究工作，去想象工作。一个人对职场上和生活中不同事物、不同现象的好奇心越强烈，他们探索的欲望也就越强烈。因此，职场人有必要始终保持开放的心态，摒弃成见，这样才能打开心门，迎接不同的可能。

燃烧的火把一定要点亮夜空

很多人都希望看到自己的恋爱对象带来新的感觉，但他们没有想到的是，为了让感情越来越好，自己是否需要推出崭新的自我。其实，当我们用创新眼光看待工作事物时，同样需要用创新的眼光看待自己。这样，一方面，我们站在自己立场上看待工作进行创新，另一方面，我们也站在别人角度通过自我创新来发掘自己更多的力量。相信在这样的努力下，职场人身上散发出的崭新光芒将会如同火把一样，照亮身边职场的夜空。

为了让更多的人看到你的崭新光芒，你必须找到自己的创新点，并利用这样的基础特点，寻找到最有创意的方法，打造属于自己的个人标签。

曾经在日本职场相当有名的工作达人冈岛悦子女士，从大学毕业时就知道寻找自己闪光点的重要之处。她正是从老师那里明确了打造个人特点的重要性，而从那时开始，在不同的场合，她都很重视如何去有效打造自己的职场形象。

后来，在进入企业最初的时间段里，冈岛悦子就经常采用这样的方式来介绍自己。她说："我是职场中的新人，但除了各位前辈和领导，我还有分布在全世界43个国家的朋友，我能够从他们那里得到任何问题的指教。"

原来，当冈岛在高中上学时，就曾经作为交换生到台北的美国学院学习。在那里，有来自43个国家不同国籍的留学生，冈岛和他们结下了深厚友谊。不仅如此，她自己在日本的家庭也曾经接待外国寄宿留学生，让她有了很多从不同国家来的朋友。这样的经历，对她后来进入国际贸易的企业有了很大帮助。领导也对她说："这样的亲身体验，的确很新颖和独特，不妨就这样来宣传和打造自己吧！"

如果我们像冈岛这样寻找到自己的闪光点，创新就会从我们自身的形象开始，让我们能够与众不同。很多人觉得自己庸庸碌碌无所作为，找不到什么出色的地方，其实，每个人都能够找到自身的优势，即便是那些看起来并不突出、并不优秀的人，只要用心思考，都能够让自己做到与众不同。当他们发现了自己与众不同的特点时，意味着他的工作影响已经开始扩大，并拥有了更加广阔活跃的人际圈子。

假设有朝一日你在职场中被人"忘记"了名字，而是成为了某种形象代言人，拥有了某种绰号，例如"他是个创意大师"、"他是个谈判桌子上的铁公鸡"、"他是个洗脑高手"等。可以想象，这时候的你，已经表现出了自己在策划、谈判、销售等方面的鲜明特点，并超越了旁边普通的同事们，这时候的你，已经成为了一个容易吸引他人并被他人推荐的职场人物，并正在走向远离工作倦怠、走向工作成功的道路上。

当然，对自己形象的创新，本身也是个循序渐进的过程，你并不需要在刚开始的时候就特别标新立异，而是应该逐渐发掘自己身上的优势和特点。想要让自己成为职场中照耀四周的员工，你应该注意做好下面的自我形象创新。

1. 既要根据身边环境来设计自我形象，又要懂得适当超出周围的平均水平

例如，在商务活动场合，所有人都是同样的西装革履，这时候，如果

你能够用一些大方的饰品如领带、手表来装饰自己的职场形象，就能很好地吸引周围人的注意，适当突出自己。

2. 要有意识训练自己的长处

无论你善于沟通，还是善于计算，又或者善于策划或者是领导，都应该在工作中做到有意识地进行训练，不妨给自己建立一个短期的训练计划，结合每天的工作日程来履行计划，最终让自己的特长越来越明显和突出。

3. 当你在对自己的个人品牌进行创新时，一定要懂得对自己内心的忠诚

只有按照本性来进行自我形象的创新，才能找到你真正愿意钻研的领域，你真正可以表现的特长。并找到你真正的理想和擅长的领域，这样才能配合自己的自我宣传和营销，并引起他人对你的关注。

计划时悲观，执行时乐观

虽然职业倦怠的产生，和人的情绪特点并非有着完全决定的关系。但是，通常来说，相对于那些乐观的人而言，习惯于悲观思考的人更容易倦怠。这是因为乐观的人通常可以在多种环境中找到更多的工作乐趣，尤其能够在创新的过程中找到这样的乐趣。反之，悲观的人容易在计划和执行的时候都产生怀疑，并因此而感到被周围环境孤立。

学员陆扬性格谨慎，上学的时候读了信息专业，掌握了编程工作，这是因为他觉得编程工作是一个技术活，并不需要和复杂的人际关系打交道，同时，编程也是按部就班的工作，不需要做出太多的改变、担负过多责任。

毕业之后，陆扬在一家公司担任了编程员，由于工作表现不错，被提升成为组长。担任组长之后，他对组内的工作分配得很谨慎，严格按照原来的平均分配来布置任务。另外，他从不会主动向上司或者下属提出问题，请求他们的建议，只是按照自己的习惯理解去做。

随着公司业务的扩大，项目越来越复杂，难度也越来越高。组内有员工提出，应该重新建立任务的分配制度。陆扬也承认这样的建议是正确的，而且他也和组内的员工进行了共同的讨论计划，得到了相当程度的认可，但是，他最终还是没有勇气开始这样的创新。

其实，不论是畅销的产品，还是受到欢迎的工作理念，或者是被其他人所推崇的工作方法，在它们的背后，都有着能够令人感到惊讶的想法，同时也有着谨慎的态度。职场工作，既需要“悲观”的计划，也需要乐观的操作。一般来说，那些工作做得好的员工，大都能将谨慎和乐观、大胆和心细结合在一起。尤其是当他们进入职场之后，最开始都需要坚持谨慎现实的工作理念，但是当员工的能力和业绩成长到了一定阶段之后，就需要进行积极大胆的创新。因为到了这个阶段，工作已经到了一定的瓶颈期，再不进行创新，无论是个人的业绩还是团队的业绩，都会因为缺乏乐观的创新而进入停滞期，甚至因此而产生倒退。

为了同时做到悲观地计划和乐观地执行，你需要注意下面的工作方法。

1. 意识到大胆创新和谨慎计划并不矛盾

在工作中，要敢于承担一定风险，要有一定的胆量，并善于从创新过程中把握住工作先机。但是，在计划中也应该坚持“不做无准备创新”的原则，表现出谨慎悲观的一面。这两者看似有所矛盾，实际上是一脉相承的。悲观的决策，是乐观大胆的创新的基础，而乐观大胆的创新，则是对计划决策的有力实施。

2. 创新应该建立在对原有工作基础的熟悉上

将工作做好，离不开自我创新。但是，这种自我创新应该基于对原有工作的清醒认识。成功者之所以能够不断获取新的成功，就在于他们把握了工作升级的不断趋势，主动适应了新的变化。

3. 作为一名职场员工，应该学会积极进取和保守稳定的兼容性

在每一次进行计划的时候，多去观察创新的困难和危险，而在每一次推进计划的时候，则应该做到主动进取、排除万难。无论在计划过程还是在实施过程中，如果能做到以上两点，就能平衡好主观和客观两方面的因素，而在达到平衡之前，则不应该轻易出手，从而确保创新的成功效率。

发明创造铺开成功地图

当你第一次为爱人过生日时，送她99朵玫瑰，她可能会惊喜万分。如果第二次、第三次……接下来的每一次，你都送99朵玫瑰，她也可能会很感动，但却不会有第一次那样惊喜。同理，在职场中，如果我们每天都重复同样的工作，这样的枯燥程度可想而知，相信没有人用“每天都重复”的形态去恋爱，但在工作中，很多人工作境遇和工作心态，却正是表现出这样的特点。由于工作一成不变的目标和过程，加上工作意义在他们眼中只是为了取得薪酬，结果，他们很容易产生职场倦怠情绪。

之所以会如此，是不少人从事某一项工作的时间的确相当长，同时，工作单调而重复，看起来也没有什么改进的空间，因此，他们在工作中越来越烦躁、越来越不适应。然而，如果换一个角度来看工作，认识到事物是可以变化的，而通过发明则可以推进工作环境的变化，那么，职场人很可能就此找到摆脱职业倦怠的途径。

年轻时的洛克菲勒相当普通，他没有任何显眼学历，也没有熟练的工作技术。结果，他能找到的工作既不需要学历，也不需要技术——检查石油公司的石油罐盖子有没有焊接好。可以想象，这是整个企业中最枯燥乏味而缺乏技术含量的工作。

每天，洛克菲勒的工作环境都一成不变，机器喷嘴滴落焊接剂，这些焊接剂围着罐子盖绕一圈，然后整个罐盖被传送带送走。洛克菲勒认为，这样的工作非常无聊，但他又想到，自己是不是可以从这份工作中找到什么发明创新的机会。于是，他开始重新观察自己这份工作。

不久之后，洛克菲勒将观察的重点瞄准在焊接剂滴落速度和分量的测量上。他发现，每次需要焊接好一个罐子盖，总共需要滴落39滴焊接剂，但是，在他的多次尝试下发现，只要38滴也同样可以将罐盖完好地焊接成功。通过多次实验改造，洛克菲勒成功地研制出了38滴的焊接机器。这样一来，每个石油罐子上可以节约一滴焊接剂，而一年下来，仅仅是这个方面就可以为公司节约数十万美元的成本。

通过这个发明，洛克菲勒走出了自己职场成功的第一步。

不少职场人觉得自己的工作缺乏创新空间，相当无聊。其实，真正让工作走出无聊的方法，就是在其中进行发明。洛克菲勒正是在工作一开始就意识到发明创新的价值，从而让自己获得了工作的创新能力，避免了对工作的倦怠。

想要让自己成为工作中的“发明家”，职场人可以从以下方面着手。

首先，认真进行观察，发现工作中让你感兴趣并能够打开发明之路的因素，以此作为发明的切入点。工作环境中包括了制度、原材料、工作程序、工作结果、反馈机制等不同的因素，这些因素中又有着物品、人员结构、技术、成本等不同组成部分。不妨将这些因素一一考察，找到最容易发明的部分。

其次，你可以和同事或者客户进行充分讨论。在工作中，围绕工作本身就事论事的讨论固然重要，然而，就你的发明设想进行充分讨论，展望自己发明设想的可能性、预先设定发明过程并预测结果，也同样重要。在这样的过程中，你可以和自己的同事与客户进行充分沟通，向他们展示你的创意发明的设想，并从中听取他们的意见，更好地将你的发明构想进行全面完善。

最后，在发明设想之后，你还应该及时对运用了发明的工作过程进行检验，从而明确发明后和发明前两者的区别，从过程的效率高低，到工作的结果高低都进行一系列比较，最终确认发明的效果，并积累和推广发明的经验。

爱TA，就重拾激情燃烧的岁月

——重燃工作激情彻底战胜职业倦怠

自我诊断，化压力为动力

爱情远非能够用一两个词语就可以简单概括，正如工作的过程中常常布满困难，而我们需要做的则是通过饱满的激情，从那些困难上越过。

然而，无法从困难上越过的人实际上并不少，他们的面前包括自己个人的竞争和企业在行业中发展的双重压力。由于面对未来没有清晰的方向和态度，因此，不安全感带来的压力就会越来越强，不断挤压他们。这就导致有越来越多的职场人士感到工作压力大、工作消耗大，而累则成为大家的普遍状态。

其实，他们并不一定是工作太累，而是因为激情太少。由于在压力面前，职场人缺少了那种追求成功的热情，因此无论做出多大的付出，都会觉得得不偿失。而想要破解这样的困境，你首先要做到学会对自己面对的压力进行充分判断。

下面的自测表可以对你的压力进行较为准确的自我诊断，在这份诊断表中，包括30项不同的症状。根据这些症状，你可以进行充分的自我诊断。如果在这些症状中出现5项，就属于轻微的压力紧张症状，只需要稍加注意和适度休息；如果出现了11～20项，则属于严重的压力紧张症状，需要对自身进行适度调整；而如果占到了21项以上，就会出现工作适应障碍了，在这个阶段，就需要引起更多的注意。

下面的症状包括：

（1）经常出现感冒症状。

（2）经常手脚感觉发冷。

（3）经常觉得手掌和腋下会出汗。

（4）经常觉得呼吸困难，存在窒息感。

（5）有时会出现心脏悸动的现象。

（6）有时候会胸痛。

（7）偶尔会有头重感、昏沉感。

（8）眼睛容易疲劳。

（9）鼻塞现象比较严重。

（10）会感到头晕眼花。

（11）即使是站立也会有眩晕的感觉。

（12）会存在耳鸣的现象。

（13）口腔内的溃疡情况。

（14）咽喉疼痛。

（15）出现白色舌苔。

（16）缺乏食欲。

（17）经常觉得吃下去的东西难以消化。

（18）常感觉背部酸痛和僵硬。

（19）肩部感觉疼痛。

（20）腹部容易发胀。

（21）体重在减轻。

（22）疲劳感难以解除。

（23）只是做一点事情就会感到很疲劳。

（24）无法集中注意力工作。

（25）早上经常难以起床。

（26）睡眠质量比较差。

（27）失眠。

（28）夜里上厕所次数增多。

（29）对很多事情不感兴趣。

（30）容易愤怒不安。

总结上面的症状可以发现，工作激情的消退，几乎总是和压力过大所紧密相关的。不同的人，从事着不同的工作，面对不同岗位，承受的压力也不同。在对自身工作压力进行评估时，应该注意下面几点。

1. 某些压力是正常的，来自于工作量和工作要求

所谓工作量，是指工作数量的多少。而工作要求，则是指工作质量。工作量总是表现为大量的事情出现在自己面前，而工作要求则来自于上级领导的要求。由工作数量和质量所带来的工作压力，是不应该避免的，但却是可以调节的。

2. 个人才能发挥的压力

一些职场员工很想充分发挥自身的能力和特长，但是却无法得到自己想要的赏识，这也会造成工作压力增大和工作情绪减退。另外，不良的人际关系、难以愉快相处的工作环境，也会直接导致工作情绪的不安，使得工作难以得到顺利进行。

3. 在工作位置上角色定位的冲突和混淆

例如，不同主管对下属给出的命令不同，或者准则不同等，会带来压力的加大情况，并进一步导致对工作厌倦的情况发生。

综上所述，如果想重新树立工作激情，你最需要的不是马上去强迫自己对工作重新热情洋溢起来，而是先衡量自己面对的工作压力大小，并做出相应的改变。

工作不只为了回报——找到真爱价值

当你对爱情失去信心，对爱侣的兴趣渐渐减少时，就应该扪心自问，

你还像当初那样爱她吗？你是否已经开始为了寻求回报而爱？你还能重拾激情燃烧的岁月吗？

同样的，当你开始对工作感到厌倦的时候，不妨思考一下：我从工作中除了薪水的回报之外，还希望达成哪些回报？这样的思考看起来和职业倦怠没有多少关系，但其实对职场人的影响是巨大的，不少对工作倦怠情绪的反思，最后都会落实到这类问题的答案上。

职业学家们曾经指出，一个人是否对工作有激情，和他对工作本身意义高低的评价有着重要联系。而工作的价值，也不完全在于工作的回报上。如果总是认定工作的回报就是金钱，那么大概还没有开始工作，就会觉得工作的烦躁，并导致激情消失，压力增大。因此，如果你想寻找到对工作的激情，就应该不仅仅看到它在金钱方面的回报，更要看到它在心理和精神层面的回报。这样，你才能超越工作本身的意义，而从中找到更多的动力。

32 岁的盛洪在某家外企已经工作了 8 年，在前 5 年中，他花费了很大的工作激情在自己的职业生涯中，终于从一个最普通的实习生上升到了部门经理的职位。这也是这样的外企公司中大多数中国籍员工能够达到的最高位置。

有了部门经理的职位，有了不菲的工资收入，一切都让盛洪感到驾轻就熟了。但是，这样的工作似乎让他感觉过于安逸了。盛洪觉得，自己只是从这份工作中拿到不错的月薪，但觉得今后的几十年大概永远都是这样工作的复制，就会觉得越来越难以燃起激情。

盛洪这样的症状，是不少职场员工都可能遇见的。他们在获得目标之后，就会感觉到缺乏进取精神，因为他们一开始就将目标等同于现实的金钱收入，而没有将工作目标看成事业的追求。应该意识到的是，工作不仅是义务，也是每个人应有的权利，对于绝大多数的人来说，工作应该是生活的经济来源，更应该是他们事业的追求和保障，他们也应该从工作中获得人生的追求和乐趣。

看看那些为慈善工作而不断忙碌的人，职场人就能发现，应该将工作看成自己的需求，看成对人生价值的实现。这样，我们就完全能够在平凡的工作中发现自己的潜能和天赋，并让自己更加快乐。

想要从工作中寻找到薪水以外的回报，并非让工作完全没有烦恼，而是要从下面几个方面积极愉快地看待工作。

首先，要承认自己在工作中的弱点。不要指望在工作中自己能够完美，要积极承认自己的不足，乐于接受他人的建议和忠告，并能够有勇气承认自己应该在工作中进行不断地改进。

其次，要善于吸取教训，面对自己在工作中的失败和挫折，应该做到从中汲取教训，并乐于重新站起来，体验挑战失败的乐趣。

最后，还应该做到心境开阔，在工作中多看到积极阳光的一面，少去为那些阴暗面而难以释怀，这样，你才会发现工作带给你的东西越来越多。

有规划的爱情（工作）不迷惘

一个人之所以陷入工作过程中的倦怠，很大原因在于没有对工作进行应有的规划，这就像因为不做好规划迟早会失去爱情一样。

认清自己的职业规划，对你的工作现状会有帮助。只有先看清楚自己下一步先要做什么，才不会头脑混乱，并尽快走出工作的倦怠期。

规划好你的工作，对于一个人的工作来说非常重要，他接下来的每一步工作是否成功，都和他是否规划好自己的工作有着重要联系。如果你规划出的工作计划清晰明确，那么，你的职场格局就会显得更高；相反，你的工作水平就会相当低下，工作质量也就更为低层次。

在职场中，工作倦怠者的特点，大都表现出缺乏明确的工作规划。由于他们缺乏真正的工作规划，因此不知道自己究竟想在工作中获得什么，甚至不知道为什么要工作，因此，他们对工作进而对生活都会缺乏激情和信心，一旦遇到错误的时候，就会消极对待而不知道如何工作。可想而知，这样的人将会在职场中到处飘荡而牢骚满腹。

美国一家大学，曾经对部分智力、学历、家庭背景都相差不多的毕业生做出了一次关于未来工作规划的调查。结果是，其中22%的人缺乏详细规划；60%的人，工作规划虽然有但模糊；10%的人，有清晰但时间比较短的规划；8%的人，有清晰长远的规划。

在十余年之后，该学校再次对这群毕业学生进行了跟踪调查。结果显示，有着清晰长远的规划的8%的成员，已经成为了社会各行业、各岗位上的成功者，其中不乏职场上的精英；10%的人，则在不断实现他们的短期规划，并成为不同工作领域中的中上层专业人士；60%的人，虽然没有取得什么特别的工作业绩，但是生活还算稳定；而22%的人，则表现得最消极，他们的学习成绩看起来并没有转化成为工作业绩，相反，还在抱怨职场并没有给他们机会。

可想而知，一个连规划都没有的人，很难让自己拥有工作激情，而真正的工作规划，会让他们确定明确而远大的未来工作重点，能够让他们战胜倦怠并走向成功。

每一个因为缺乏工作激情而陷入职业倦怠的员工，都应该检查一下自己是否能够马上说出工作规划？如果不能，就请立即停止自己目前在做的那些杂务，去做好一件事情：规划好自己的工作。

当你规划好了自己的工作后，就能获得下面的这些收益。

首先，员工可以从良好的规划中，获得积极良好的自我暗示，获得这样的自我暗示，你将能够有更好的工作心态，并实现目标。

其次，如果在规划中，你已经确定了自己的工作目标，你就能够更加主动地约束自己在工作中做出正确的选择，而不是不断地被分散自己的注意力，从而提高自己的工作效率；当然，在你自己制定了工作规划后，你的工作内容大都来自于自己的安排，这样你的工作就会变得积极主动，而对自己的生活和工作也会因此而充满激情；另外，由于你想要让自己的工作规划更加完美和可行，你就会积极主动地去寻找机会实现自己的目标，并对工作规划进行修改，为了实现这样的努力，你就会更加精确地捕捉到工作机会，反之，你将对这些机会难以把握。

任何成功的起点，都应该来自于良好的工作规划，当我们做好自己的人生规划后，将能走出迷惘，并创造出不断提高的成绩。

适应环境，接受身边爱你的人

能否与爱人重拾激情，很大程度上取决于你是否真心接受了身边那个爱着你的人。如果是真心，就应该积极适应随着时间改变的环境，并适应自己的爱人。

有些时候，之所以我们会职业倦怠，人际关系的模糊或者矛盾，也是重要原因。在一个企业中，常常会有这样的现象——学历高的对学历较低的看不上眼，工作资历长的对工作资历浅的瞧不起，有能力的员工相互试图压制竞争，有人脉的则想要获得更多的帮助，如此等等的情况，经常有可能让你感觉难以适应周边的环境，找不到工作中相互协助的良好互动关系。

进一步说，如果你在工作环境中没有良好的人际关系，那么就很容易由于工作不开心，影响到自身生活中也有更多不开心。这样，就容易产生郁闷的情绪，产生职业上的倦怠。在这样的情况下，你需要主动适应自己的工作环境，努力创造良好的工作环境和工作人脉。更为现实的是，我们能够看到，在企业中工作最不开心的，大都是那些人际关系不好的人。这是因为职场上相互的人际关系，远远比生活中要更为复杂，如果不能进行良好的处理，就会让你感觉到各种束缚，难以充分地发挥自身的工作才华。其实，帮助自己适应工作环境，就是在帮助自己积累工作中受到的关爱，而主动打破沟通的藩篱，和同事们积极交流，才能达到这样的目的。

小刘在公司里面业绩很好，但是，他总是给人一种傲慢的感觉，每当他看到其他同事的工作问题时，不管对方是否愿意接受，总是第一个加以指责。而当对方提出反驳意见时，他则激烈地摆出自己的观点，想要对方承认他是正确的。这样，小刘和同事之间的关系总是很僵。

在每年评选优秀员工的会议上，虽然领导各种明示暗示，意思是要求大家选业务突出、业绩良好的小刘，但是，小刘的人际关系实在不好，连一票都无法获得。即使是在领导们举行的会议中，他也得不到大多数的支持。

小刘觉得，虽然自己工作业绩很好，但总是得不到承认，只能说职场中没有真正的欣赏，只有相互利用。但事情真的是这样吗?

很多时候，在职场中，做人比起工作来说要更加困难。当一个人能够开始独立工作之后，如果以为自己只需要工作不需要获得朋友，那么他将迟早注定产生倦怠。这是因为，在工作中，身边的所有人都有可能对工作的走向产生关键影响，并对你的情绪产生推动力，并使你在工作中感到愉快和提升效率。

获得身边同事的关爱，能够创造出更加完整的人脉，不仅能够使得相互之间沟通交流职业信息，在工作事项上还能够相互帮助，在面对困难的时候能够相互鼓励，解决自身的工作问题，并获得共同语言，甚至比起家人要更懂得你的事业发展走向。因此，从这一点来看，在工作环境中建立良好的人际关系，和恋爱、婚姻和家庭关系的建立一样重要。想要获得工作关系中他人的关爱，你应该注意下面三种工作行为类型。

1. 避免侵略性的工作行为

包括对他人指手画脚，使用强硬命令式的语言，或者高声说话大喊大叫等。这种行为很容易使得其他同事感觉自己的工作权利被侵害，并导致你的形象变得专制和强横。

2. 减少被动的工作行为

和上述行为想法，使用过于低调的行为动作如耸肩、弯腰、小声表述、摇晃身体或者采取“也许”“大概”“仅仅”等语言，会让他人感到你的信心不足、工作态度不端正。这样，他人对你的关注支持也就会相应变少，并很难产生工作中的良好人际关系。

3. 你应该增加那些自信的行为动作

包括自然的行动和大方的微笑，主动协作的方式，适中的语调，开放式的问题，很好的眼神交流等。这些行为能够既让你表现出自信，也能够减少他人的不良感觉，使得你越来越适应工作环境，并同周围的人发展出良好的职业关系。

能升华为游戏的工作更有趣

有人说，在爱情中太认真你就输了。其实，这是在告诉我们，有些琐事，不必和爱人斤斤计较。爱情有时就像一则游戏，你只有认真参与其中，才能享受到乐趣。在职场中，有一种错误的观点认为，之所以自己对工作缺乏兴趣，问题都出在自己所处的企业。是企业没有将有趣的工作布置给自己，是企业没有让自己身处有趣的工作岗位上。当然，这样的说法不值一驳——每个企业都是作为组织而存在的，他们本来就不可能因为某些个人的意愿而进行改变。

要知道，世界上的工作是否有趣，来自于那些工作者。只要能够将工作变成游戏，任何工作都会有趣起来。其实，当我们在选择工作时，是很难选择到那些原本客观上就有趣的工作的。与此相比，将工作变成我们自己的“游戏”，则相对容易点。即使你的工作和你原本感兴趣的事物没有直接关系，但是却很可能因为其游戏性而吸引你的注意，并很容易让你从中减弱自己的工作倦怠直到培养新的工作兴趣。

在某公司的行政部，总有一些没有员工愿意去做的琐事，但是，这些繁杂的事务性工作必须有人去做。为此，行政部门的经理想出了这样的办法，他分别在不同的纸条上写下了若干种必须要去做的杂务，包括去银行办理账务、去联系水电工、去复印和传真、联系电脑公司来更换打印机等。然后，他将纸条放进了一个抽奖盒子中，让整个行政部门的员工分别从中抽出自己的“彩票”来明确自己当天应该完成的杂务。

有趣的是，当他这样设计了以后，由于游戏的过程充满欢乐，员工们最终都很轻松地完成了分配到自己手头的工作。

对于那些常年面对辛勤工作的职场人来说，将工作游戏化是非常正规的，因为这将能够带来他们对工作的积极和热情。不少人之所以频繁更换工作，正是因为他们不懂得在短暂的新奇之后，去将工作中隐藏的乐趣点发现出来，并且将之变成游戏。这样，他们总会觉得新的工作索然寡味。

其实，工作也可以是游戏的一种，而且这样的游戏会在成功完成后，得到更好的回报。只要愿意，职场员工完全可以将工作不断变成游戏，并时刻感受期待和希望。

将工作变成游戏，可以按照下面的方法来执行。在一张纸上，你不妨记录下面的内容。

1. 请写出自己在工作以外的兴趣点或者专长

无论是烹饪还是体育，或者是网络游戏等。在写出这些项目的时候，你不需要有任何担忧和禁忌。

2. 写出自己在这些兴趣点或者专长中培养出的特点

例如，细致、宽容、学习速度快、正义感强等。这就需要你站在客观角度来发现自己的特点、专长、成就，从而指导自己去有效地发现这些特质在工作过程中表现的舞台和空间，领会它们和工作结合时带给你的乐趣及成就，并慢慢帮助你更加认真地投入到工作这样的游戏中。

3. 你还应该对工作这样的“游戏”设计出奖励和惩罚的不同方法

将每个工作任务看成一次游戏，当自己能够交出完整、优秀的游戏结果后，你可以奖励自己一顿美餐、一场电影或者一件很好的衣服；反之，如果自己没有在游戏中获得良好结果，就应该对自己进行相应惩罚。当这样的奖惩形成一定程度刺激后，你对这种游戏的重视度就会有效提升，而工作效率和工作热情也就随之提高了。

后　记

激活正能量子午线，工作也会有奇迹

职场人总是想尽办法避免陷入职业倦怠的怪圈中。

但你是否想过：万一陷入，你会如何面对？

如果你因为这样的倦怠而感到沮丧，整天用无精打采的态度，或者动辄暴躁的情绪来面对工作，那么，你就像被困在原地而无法动弹的“囚犯”，甚至连基本的工作都进行不下去，更看不到未来的出路。

我们应该正视“职业倦怠”这一问题。每个人一生都会遭遇不同的挫折，职业倦怠，也只是其中的一种。如同你曾经面对过的不同困难一样，职业倦怠完全可以战胜。只要你能够坚持不放弃，坚持走下去，就能够成功越过困难，并有能力取得更大成功。

相信阅读本书后的你，已经找到了坚定走下去的信念和方法。

很多人问我，为什么是“像恋爱一样去工作”，而不是“交友”“结婚”呢？

在我看来，“爱”是这世界上正能量的代名词，而“恋爱”则会给相爱的两个人无穷大的力量。人们所谓的“爱情的力量是伟大的”定有它的道理。

为什么是正能量子午线？

子午线，即经线。众所周知，它和纬线一样，是人类为度量方便而假设出来的辅助线，定义是地球表面连接南北两极的大圆线上的半圆弧。

我们好比半圆弧两端的人，有了爱才会走到一起。有了爱，它才会辅助我们，走向更加美好的幸福生活。

最后我想谈谈，如何才能让爱的火花永不熄灭，永远不再让“职业倦怠”四个字来烦我们呢？

答案是：坚持。

不论我们做怎样的工作，一旦选择放弃，就意味着没有成功。因此，你绝不能轻言放弃，而要相信，只要坚持到底，前面所有的工作努力都不会白费，而最终的胜利必然到来——哪怕成功是奇迹，也需要我们持之以恒地努力才能得到实现。

1941 年，温斯顿·丘吉尔正领导着英国面对纳粹国的疯狂攻击。当时，整个德国在欧洲具有全面的军事优势，而美国又明确表示自己不会正式参战。看起来，英国沦陷是迟早的事情，而想要战胜希特勒，则只能说是一种奇迹。一时之间，朝野上下一片求和之声。

但是，丘吉尔却断然拒绝与纳粹达成任何和平协议来结束战争。他的理由是，只要坚持下去，全世界情况就会出现变化，而美国就会进入战争，这样，形势就会急转直下。有人不相信，问丘吉尔为什么这样认定，丘吉尔自信地说：“因为我研究过历史，历史告诉我们，只要你坚持的时间足够长，就一定会出现转机。”

后来，一切果然像丘吉尔预言的那样，纳粹德国被打败，同盟国取得了胜利。

从这样的故事，我们能够体会坚持品质的重要性。如果你缺乏毅力和恒心，如果你缺乏足够的热忱，如果你没有旺盛的工作进取心，那么，一定是因为你不懂得坚持的重要性，也看不到坚持的结果。

正是在职场上的坚持，能够将你的优势持续发扬光大，同时，也能够将你的劣势变成优势，并有效弥补你的不足。你无法做到对自己的问题视而不见，抑或指望外部的环境带来转机，相反，只有正视一切，并积极行动，才能依靠坚强、毅力和勇敢、恒心来实现坚持、创造奇迹。

在结束本书前，再教大家一个方法，仅仅花费十秒钟，你就可以找到自己的最佳工作状态——当然，想要获取这样神奇的效果，你也应该做到坚持。

在我们的身体里，也藏着一条“正能量子午线”，这条线控制着人们的中枢神经系统，从人体的小腹一直延伸向上到下唇。想要让自己获得充分的工作毅力和恒心，最好的方法就是利用双手的能量来刺激这样的能量子午线，让自己获取更多的坚持动力。

首先，做一次深呼吸，利用鼻子吸气和嘴巴呼气的方法，来加深呼吸的幅度。同时，你可以用力搓热你的双手，并感觉能量集中在你的手心中。这样，随着你对能量把握得越来越准确充实，手心中会逐渐增加温暖感。

其次，你可以将右手伸展开，放在离开身体几厘米远处，然后手心朝向自己的小腹，深深吸入一口气，然后迅速将手掌抬高到自己下嘴唇的位置。这样，有意识地去调动起你自身能量，并振作精神，从而做到保护好自身能量的来源，而不会受到其他方面的影响。

最后，当你能够有意识地利用好这样的方式后，你会发现，自己的身体子午线上的能量已经在沿着轴线向上不断移动，并为你带来了身体的能量。而且，当你这样做了足够多的次数以后，用于工作的精力就愈加集中，个人坚持工作的恒心也就更加强大。

坚持就是胜利！“热恋”中的你一定会在工作中创造奇迹！

作 者

2014 年 8 月

助 力 企 业 成 长

中国财富出版社*
北京联大文化 联合出品

作 者： 曾文 **定 价：** 35.00 元

出版社： 中国财富出版社

《像恋爱一样去工作》内容简介

本书从“和工作谈恋爱”的思路出发，为了帮助职场达人更好地建立“和工作谈恋爱”的工作思维，作者给出了明确职场工作意义、全身心投入工作、树立高目标、坚持带来力量、让自己更优秀、不断进行创新等相关方法。全书内容深入浅出，行文严谨而不失幽默，用翔实的案例、准确的逻辑和清晰的语言，为职场人摆脱工作倦怠、打造良好工作氛围设计和规划出一条行得通的道路。

作 者： 李锋 葛静 **定 价：** 39.80 元

出版社： 中国财富出版社

《炒店：7 步实现门店网点人流量激增、销量翻番》内容简介

本书致力于用平实的语言、贴近生活的案例、详细的步骤描述来展现炒店的整体面貌。不去过多地讲解理论，而是注重实际的可操作性、可应用性，尽可能讲述全面具体的执行方案、执行方法，让你阅读完本书后能够策划出一套属于自己的、适合自己店铺的炒店方案。

作 者： 陈明亮 **定 价：** 39.80 元

出版社： 中国财富出版社

《怎么做，别人才追随》内容简介

追随力是领导力的重要组成部分。追随力看似抽象，无从把握和建立，但是经过仔细地研究和学习，追随力其实也是有迹可循的。本书作者有着丰富的管理实战经验，并长期从事企业领导培训工作。在本书中，作者将从各方面为读者介绍何谓追随力、追随力能够给企业带来的益处、企业家应该从何处着手建立追随力以及建立追随力时应该注意到的一些问题，希望能够为各位企业家排忧解难。

*注：中国物资出版社已于 2012 年 4 月 1 日起正式使用新社名“中国财富出版社”。

作　者：周子人　　**定　价：**35.00 元

出版社：中国财富出版社

《管理者自我修炼》内容简介

管理才能不是天生的，需要不断地在工作中磨炼。优秀的管理者应该可以驾驭任何的员工，因此，管理者应该从自身出发，找出自己的不足之处，不断修炼自己，提升自己的领导力。本书为管理者解读管理工作的真谛，助力管理者自我修炼。

作　者：杨平　　**定　价：**35.00 元

出版社：中国财富出版社

《领导角色与艺术》内容简介

本书针对现实中领导者的角色“错位现象”，分析了领导者为什么要进行角色管理、如何成功实现领导角色的转变，以及如何成为一名成功的领导者等问题，并总结了领导者的七大角色，为领导者进行角色管理提供参考。通过阅读本书，相信广大领导者可以更好地认识自己，知道身为领导者应该做什么、怎么做，从而更好地扮演自己的领导角色。

作　者：吴群学　　**定　价：**35.00 元

出版社：中国财富出版社

《管理就这几招》（第二版）内容简介

本书第一版在持续两年的热销之后，作者吸取了很多专家的建议和企业一线的管理经验，隆重推出了第二版。全书在第一版角色管理、目标管理、团队管理和自我管理的主体框架不变的基础上，对部分管理经验和方法进行了补充和完善，使之更贴近企业实际，更顺应时代赋予管理的各项职能，简单实用。

QIYE CHENGZHANGLI SHUJIA
企业成长力书架
助 力 企 业 成 长

中国财富出版社
北京联大文化 联合出品

作　者： 吴东　　**定　价：** 32.00 元

出版社： 中国财富出版社

《九型人格与卓越销售力》内容简介

本书依据“九型人格”理论，将销售人员遇到的顾客分为九种不同的类型，通过探讨每种类型顾客各自的优势和弱势，分析他们在购买商品与谈判中的“心理弱点”。最终，教会销售人员如何牢牢抓住顾客的心理弱点、掌握他们的思维方式、学会与他们的对话技巧，以此提高销售技能，卖出更多的产品。

作　者： 高乃龙　　**定　价：** 32.00 元

出版社： 中国财富出版社

《夹缝中的利润：小微企业的生存赢利之道》内容简介

和世界 500 强相比，中国企业是小微企业；和中国 500 强相比，中小企业是小微企业。我国的小微企业是解决就业问题的主要力量，但小微企业的发展却面临困难。本书是帮助小微企业突破自身困境的第一本实战书籍，书中结合企业案例现身说法，通过独到的分析、有效的定位和精准的策略，最终帮助小微企业实现可持续发展。

作　者： 高子馨　　**定　价：** 32.00 元

出版社： 中国财富出版社

《形象决定身价：职场人全方位获得成功的 6 个魔法》

内容简介

你一定羡慕过那些商界、政界精英们翩翩的风度；你一定渴望着在别人面前表现得潇洒自如。个人形象是个人竞争的软实力，纵然你有很高的学历，纵然你经验丰富，如果没有良好的个人形象，你也很难取得成功。本书从什么是个人形象出发，通过生动形象的事例论述，专业权威的建议提示，帮助你一步步提升个人形象和气质。相信你能够在书中找到你尚未成功的原因，也能够找到通向成功的捷径。

QIYE CHENGZHANGLI SHUJIA
企业成长力书架
助力企业成长

中国财富出版社
北京联大文化
联合出品

作　者： 付述信　　**定　价：** 32.00 元

出版社： 中国财富出版社

《职业化团队五项管理》内容简介

本书从五个方面阐述了打造职业化团队的管理方法：目标管理、团队精神管理、执行力管理、责任管理、结果管理，以此对团队运营和团队成员的能力提出要求。全书的内容是以经典的案例开篇，使每一个读者可以从故事中领略到管理的奥妙，经过对案例的分析，给出最恰当的管理方法。用最浅显易懂的语言概括出了管理团队的精髓，旨在让每一个读者明白，打造职业化团队并不是深不可测的。

作　者： 刘逸舟

定　价： 35.00 元

出版社： 中国财富出版社

《说服的力量》内容简介

是否具备说服的能力决定了你生活的顺利程度、决定了你事业上的发展、决定了你是否是个具备影响力的人，甚至决定了你能否掌控自己的人生。掌握了说服力的人，能够使他人遵从自己的意愿，能够使他人自愿地帮助自己，能够把陌生人变成好友，把冲突化解为无形，使家庭中的关系更加和谐。

本书全面揭晓说服中的奥秘，通过专业的分析与归纳，帮助你建立自己强大的说服力和影响力，使你避免在人群中人云亦云、随波逐流！

作　者： 刘星

定　价： 32.00 元

出版社： 中国财富出版社

《职场 360 度沟通：职场人交流得力的完全沟通术》内容简介

人脉是成功的关键。那么，这人脉从哪里来呢？需要你去开发、去构建，方法就是发挥自己的心思，抓住遇到的每一个人，去好好地沟通、交往。良好的人际交往能力是形成雄厚人脉资源的不可缺少的要素。本书即讲述了各种最适合职场达人或菜鸟们学习、运用的沟通技巧，掌握这些沟通技巧，即会成为打遍职场无敌手的精英高手。从现在开始，努力修养自己的沟通能力，成为战无不胜、可以搞定任何人的职场达人吧。

作　者： 蒋巍巍

定　价： 32.00 元

出版社： 中国财富出版社

《冲突管理：化冲突为转机的 9 个步骤》内容简介

现代商业社会竞争日益激烈，企业稳定的重要性不言而喻。不管什么样的企业，都应当及时处理冲突，不让冲突激化，才能有更多的精力提升核心竞争力，从商业大潮中脱颖而出，走上成功的巅峰。在这本书里，我们将为管理者带来全新的思路和手段，从冲突的源头，到冲突的结果，一一为管理者详细解读，彻底解决“冲突到底要怎么管”这一职场难题。

QIYE CHENGZHANGLI SHUJIA
企业成长力书架
助 力 企 业 成 长

中国财富出版社
北京联大文化 联合出品

作 者：张友源 **定 价：**29.80 元

出版社：中国财富出版社

《左脑情绪管理 右脑压力管理》内容简介

大脑是人体的中枢，人生所追求的工作幸福、生活幸福，其实都隐藏在人类的大脑中。本书的独到之处在于提出了人类大脑的功能分区问题，主张每一个人都应该科学地使用好自己的左右脑，以使自己生活得幸福，在工作中享受到幸福感。作者认为，人类的左脑控制着情绪，而右脑则控制着对压力的感受，当左右脑彼此结合起来使用或交替使用时，就可感受到幸福，由此而揭示了幸福的神秘密码。

作 者：杨长征

定 价：35.00 元

出版社：中国财富出版社

《领导三斧半：100% 实现目标的领导智慧》内容简介

什么样的领导才能带领团队走向成功？如何做才能称得上是“优秀领导”？本书从古代名将——程咬金的“三板斧”入手，通过形象的语言、生动的案例及清晰的分析，将领导者的工作智慧总结为“领导三斧半”：瞄、抡、砍、变。灵活运用“领导三斧半”，打造名副其实的“优秀领导者”！

作 者：郝枝林 刘飞

定 价：39.80 元

出版社：中国财富出版社

《渠道为王：找对渠道做销售》内容简介

渠道就是市场，占领渠道就是占领市场。本书从 IBM、DELL 等品牌的实际案例入手，揭示了渠道在市场营销过程中的重要意义。通过渠道理论与实践充分结合，指导实际的销售活动，是一本全面解读渠道战略的实战宝典。

作 者：陈星全

定 价：32.00 元

出版社：中国财富出版社

《谈判攻略：销售这样谈最有效》内容简介

本书是一本结合销售实践和谈判技巧的实用工具书，对销售谈判人员在谈判过程中的不同阶段、消费者的不同心理，以及谈判者应该怎么去面对客户等方面都作了详细的介绍，内容通俗易懂，栏目设置精彩纷呈，可以帮助销售人员从根本上理解销售的本质，提升自我销售境界，对销售谈判人员的工作具有指导作用。

QIYE CHENGZHANGLI SHUJIA
企业成长力书架
助力企业成长

中国财富出版社
北京联大文化
联合出品

作　者：潘永德　　　**定　价：**26.00 元

出版社：中国财富出版社

《藏在口中的财富》内容简介

好的口才有着不可估量的价值，是每个人都需要的生存技能，从工作中的求职升迁，到生活中的恋爱婚姻，从人际交往中的说话办事，到事业中的营销谈判，事事离不开口才。

好的口才能使你受益一生，本书正是一本实用口才技巧训练手册，从改善说话声音、表情动作、表达策略等方面重新训练你的口才能力，同时针对生活中与你关系最密切的说话场合，教授你最实用的口才技巧，让你突破语言的障碍，轻松应对各种语言场合！

作　者：龚光鹤

定　价：35.00 元

出版社：中国物资出版社

《领导应该这样当》内容简介

领导是一种经验，领导是一种智慧。本书凝结作者投资大脑近百万的学习精华，巧妙地结合了现代企业快速发展的案例，综合分析了团队建设、投资技巧、建立人脉等领导技能的最新进展，分享了成为优秀领导者的秘诀。通过理论与实践充分结合，将本书打造成提高领导力的终极法则。

作　者：匡晔

定　价：32.00 元

出版社：中国物资出版社

《这样销售最高效》内容简介

销售工作可谓“成也在人，败也在人”，而这个“人”就是销售人员。销售人员是市场销售战略的“先知者”，不仅带领着企业拨开销售的层层迷雾，更为重要的是能够发现销售的真谛。本书把销售实战和理论联系起来，使销售人员能够在赢得客户的过程中充分理解销售理论，从而积累深厚的理论素养，指导实际的销售工作。

作　者：朱广力

定　价：32.00 元

出版社：中国物资出版社

《金牌销售不可不知的 9 大沟通术》内容简介

你是否为自己满腔热情的介绍，客户却无动于衷而烦恼？你是否为自己坚持不懈的努力，产品却无人问津而神伤？你是否为自己勤勤恳恳地工作，业绩却无法攀升而无措？金牌销售的成功战术究竟为何？本书通过分析 9 大沟通战术，结合具体的案例，揭示了成为一名金牌销售的秘密所在。

QIYE CHENGZHANGLI SHUJIA
企业成长力书架
助力企业成长

中国财富出版社
北京联大文化 联合出品

作　者：吴群学　**定　价：**32.00 元

出版社：中国物资出版社

《学规则　融团队》内容简介

当你进入一个团队，而自己又不能改变团队的规则，学习和适应规则就成为你进入团队的必修课。记住：学习规则，融入团队，你才能快速地进入职场人的角色。

团队内部的一切问题都来源于规则问题。认识规则、把握规则、利用规则，最终同规则融为一体，才能在职场生存并不断前进。本书将告诉你后 80、90 后职场人快速成长的法则！

职场就是：学规则、用规则、造规则！团队就是：先融入、再切入、后深入！

作　者：蒋巍巍

定　价：32.00 元

出版社：中国物资出版社

《左右逢源：职场人际关系的 9 堂课》内容简介

在职场上，你是否会担心孤立无援？是否会羡慕那些在人际关系上有特别天赋的人？是否希望为自己赢来良好的人际关系？职场成功又该如何界定？本书从职场里的一个个鲜活案例入手，生动地展示了职场中的沟通技巧，让你学会在职场中左右逢源，用人际打开晋升之门。

作　者：于飞

定　价：35.00 元

出版社：中国物资出版社

《向大客户要业绩》内容简介

抓住大客户，就抓住了大订单，抓住了高业绩，抓住了职场前景。所以，抓住大客户是每个销售人员的目标。然而要如何抓住大客户呢？这就是本书的价值所在。应对大客户的方方面面都需要更巧妙的技巧和方法，本书从 20/80 法则入手，帮助销售人员降低在销售工作中的成本投入，并提高能效产出，让销售人员掌握搞定大客户的技巧，在最短的时间拿下最大的订单。

作　者：马斐

定　价：32.00 元

出版社：中国物资出版社

《口碑载道：无本万利的营销方式》内容简介

对于所有企业的市场营销人员或是管理者来说，关注品牌形象和品牌发展，不如先好好了解一下如何做好口碑，这里面的门道究竟几何。本书从各大品牌口碑营销的经典案例着手，透析各家口碑营销之道，从中总结经验和技巧，提示企业市场营销人员及管理者，口碑营销是一门科学，必须认真学习和把握。

作　者：袁一峰　　　定　价：32.00 元

出版社：中国物资出版社

《卓越从敬业开始》内容简介

爱一行才能干一行，专一行才能精一行。懂得敬业的人生是充实、美丽而快乐的，也唯有如此，才能真正脚踏实地、一步步走向卓越，成为一名卓有成效的员工。本书的出发点就在于让长期停滞不前的职场人士迅速找到桎梏自己职场步伐的原因；牢牢把握鞭策自己敬业而需掌握的心理；轻松学会被细化的、实践性极强的敬业“守则”，最终达到成就卓越的目的。

作　者：吴群学

定　价：32.00 元

出版社：中国物资出版社

《管理就这几招》内容简介

管理说难也难，说简单也简单。本书告诉你，只要掌握 4 招，就能将管理化繁为简，轻松搞定各种企业的各种管理难题。全书以“理论 + 实践”的板块构造为你呈现了企业管理者这一特殊角色所应该具备的各种能力、工作方法和技巧。因此，这是一本现代管理领域的实用之作。

作　者：王占坡

定　价：32.00 元

出版社：中国物资出版社

《万金一线牵》内容简介

与客户打着电话开怀畅谈，没有紧张的开场白，没有局促的自我介绍，气氛和谐又温馨，订单随着电话的结束而落下了成功的定音……这就是电话销售。可能吗？请你不要怀疑这样的场景，因为它真实地发生在我们身边。怎么办到呢？秘诀就在你手中的这本书中。

作　者：马斐

定　价：32.00 元

出版社：中国物资出版社

《赢在谈判》内容简介

我们现在所生活的时代是一个随时随地都可能需要谈判的时代，特别是销售人员更是需要用日复一日的谈判来为自己赢得订单、提高业绩、提高收入、表现能力，令上级刮目相看，得到晋升的机会。本书就是力求让每一位“力拼业绩”、想要在工作中扶摇直上的有志之士可以成为谈判高手，为自己、为公司争取更多的利益。因此，本书是你谈判桌上一本智囊宝典。

作　者： 马斐　　**定　价：** 32.00 元

出版社： 中国物资出版社

《拿下大客户》内容简介

企业的大多数利润是靠 20% 的大客户来赚取的。一个企业要发展，就需要有相当的利润作支持，而大客户是企业的利润源泉，生存和发展的助推器。如何获得大客户的签单？如何有效应对大客户的各种要求与质疑？请你不要着急，因为你手里的这本书已经为你考虑到了，并提出了相应的解决方案供你参考。

作　者： 覃曦

定　价： 32.00 元

出版社： 中国物资出版社

《服务制胜》内容简介

服务是一个长期工程，不能掉以轻心，也不能因循守旧，我们必须时时刻刻为客户着想，发自内心地为客户服务，真诚地为客户解决问题，注意细节，勇于创新，给客户提供最周到的服务。

本书分节介绍了各种服务法则，详细地帮助你解决服务过程的种种困扰，让你学会怎样达到客户的要求。

作　者： 向成学

定　价： 32.00 元

出版社： 中国物资出版社

《成交从异议开始》内容简介

本书专门针对客户常提出的各式各样的异议提供有效处理的策略与方法。书中列举了大量的销售案例，并大多以情景模式展开，目的便是更好地通过情景模拟来诠释异议处理的策略精髓。如果你还在为客户所提出的各式各样，甚至是千奇百怪的异议、意见、问题而感到头疼，或者说备受困扰，迫切地想要找到解决方法，那么，本书将为你结束困扰。

作　者： 曾展乐

定　价： 32.00 元

出版社： 中国物资出版社

《成交赢在心态》内容简介

心态是一个人一切言行的控制按钮，这个按钮决定着你生活中的一切。你的心有多高，你就能飞多高。只要拥有自己坚定的信念，不管在什么时候也不会被挫折打倒，你不再是一个弱者，而是一个能够改变自己生活的强者。

让你一步步改变自己的生活，让你成为销售中的强者，看本书怎样为你解答，相信你的选择，一定不会让你失望的。

作　者：张野　　**定　价：**32.00 元

出版社：中国物资出版社

《成交无限》内容简介

销售员在与客户沟通的过程中，80% 的客户或多或少会感到一些反感，这些反感有时会以某种形式表现出来，有时也会隐藏在客户的心里，成为与客户沟通过程中的最大屏障。那么，是什么原因引起的这种情况呢？面对这种情况该怎么处理呢？相信这本书的 55 个技巧对于需要与客户沟通的人将会非常有用，它对于我们与客户将是一个全新的桥梁。

作　者：姜登波　李华

定　价：32.00 元

出版社：中国物资出版社

《赢在管理》内容简介

本书通过对企业管理深入地剖析、分解，找出企业管理误区，并针对企业管理容易疏漏的地方进行填补，是每个企业管理人员手中的指南针，能够帮助迷途创业的人员找到扎营的地点。书内所阐述的问题新锐、真实，解决方法快速、简便，是现代企业领导者所不能缺少的良师益友，能够教导企业领导者如何做“泥菩萨过河，有招可取”的智人。

作　者：文征

定　价：28.00 元

出版社：中国物资出版社

《做世界上最优秀的员工》内容简介

世界 500 强企业集聚了世界上最优秀的人才。你想成为世界 500 强企业中的一员吗？你想知道世界 500 强企业最欢迎什么样的员工吗？你想知道为什么有的员工能够进入世界 500 强企业，甚至会经常受到众多世界 500 强企业的高薪聘请吗？那么，请看本书为您提供的这 7 种工作习惯，它将为您搭建登上世界 500 强这一豪华巨轮的台阶。

作　者：邹金宏

定　价：32.00 元

出版社：中国物资出版社

《麦当劳成功的启示》内容简介

麦当劳是世界 500 强企业之一，有超过一百万的员工，已经在全球 121 个国家设有超过 31000 家快餐店。麦当劳是一个企业，也是一个王国，一个跨区域的王国。是什么原因让麦当劳如此庞大？如此成功？如此奇迹？它到底运用了什么方法？ 本书通过最真实的笔触，为你提供很多麦当劳成功的智慧和秘诀，使你从中获得有益的知识、借鉴和启发。

QIYE CHENGZHANGLI SHUJIA
企业成长力书架
助 力 企 业 成 长

中国财富出版社
北京联大文化 联合出品

作　者：周锡冰　　**定　价：**18.00 元
出版社：中国物资出版社

《新员工要懂得的处世心理学》内容简介

新员工大多是在狂涛骇浪里的职场小人物，想要在如今环境糟糕、恶劣的职场上平步青云、如鱼得水，就必须懂得职场的潜规则。本书以大量案例生动地介绍了新员工必须研修的 25 堂职场课程。然而，本书的目的不是描写 25 个职场潜规则，而是为新员工开辟一个顺利的职场人生。

作　者：李华
定　价：35.00 元
出版社：中国物资出版社

《三分管理　七分领导》内容简介

企业的高度不是来源于管理，也不是来源于高效的执行力，而是来源于领导。卓越的领导，决定着企业无限的发展潜力。

21 世纪的领导力不仅仅是领导的方法和技能，也不仅仅适用于领导者，它是我们每个人都应该具备或实践的一种优雅而精妙的艺术。如果你想摆脱刻板的管理者形象，成为一个形象鲜活、拥有更多追随者的魅力领导，请你将本书作为你的智囊宝典。

作　者：李华
定　价：32.00 元
出版社：中国物资出版社

《三分策略　七分执行》内容简介

市场上琳琅满目的执行力图书常销不衰，再一次印证了执行力的课题引起了企业主和从业人员的高度关注，甚至可以说，一个企业是否高效，取决于企业团队执行力的强弱。

如果你是一个企业的中层管理者，而且想提高执行力这一决定职场成败最核心的技能，同时，在不断追求卓越，有加薪升职的愿景，那么，请你阅读本书的观点并实践相应的技能。

作　者：李华
定　价：29.80 元
出版社：中国物资出版社

《三分管人　七分选人》内容简介

从某种意义上来说，企业的竞争就是人才的竞争。作为企业“伯乐”的人力资源经理，如何为企业招聘到像“千里马”般优秀的员工，为企业不断发展适时提供有效的人力资源，已经成为衡量一个人力资源经理是否优秀的核心标准。

本书是专为人力资源经理量身打造的图书，通过学习本书介绍的经验和技巧，你会熟悉并掌握所有管人、选人的全部流程和方法。

助 力 企 业 成 长

中国财富出版社
北京联大文化　　联合出品

作　者：王桂玲　李华　　**定　价：**16.00 元

出版社：中国物资出版社

《优秀员工的 8 项修炼》内容简介

今天的成就是昨天的积累，明天的成功则依赖于今天的努力。把工作和自己的职业生涯联系起来，对自己的未来负责，学会容忍工作中的单调和压力，认识到自己所从事工作的意义和价值，就会从工作中获得成就。

品牌营销
8大实战攻略
PINPAI YINGXIAO
8 Da Shizhan Gonglüe

作　者：梁慧

定　价：26.00 元

出版社：中国物资出版社

《品牌营销 8 大实战攻略》内容简介

无论在世界哪个角落，这些品牌都是那么的成功。他们用看似和您相同的营销方法，轻而易举地赢得了整个世界的欢迎。

这些品牌为什么能取得成功呢？这是因为他们采用了成功的品牌营销策略，品牌的成功与成功的品牌营销是分不开的。品牌营销，一个让人寄予希望的名词。可以说，成功的品牌营销策略，就是企业赢得竞争的一柄利剑。在市场竞争日益激烈的今天，如何“活学活用”这些成功企业的“不传之密”，如何在市场竞争或营销中将此剑挥洒至极佳境界，是每一个企业所迫切希望学到的。

作　者：龚俊

定　价：20.00 元

出版社：中国物资出版社

《工作无小事》内容简介

小事是过程，大事是结果。大是由小演变而来的。如果一个人一屋都不能扫，谈何扫天下。在工作中，我们只能用 100% 的激情去做 1% 的事，才能成就大事，切记，1% 的失误带来的是 100% 的失败。

作　者：张伽豪

定　价：18.00 元

出版社：中国物资出版社

《你在为谁工作》内容简介

在工作中，不管做任何事，都应将心态回归到零：把自己放空，抱着学习的态度，将每一次任务都视为一个新的开始、一段新的体验、一扇通往成功的机会之门。千万不要视工作如鸡肋，食之无味、弃之可惜，结果做得心不甘情不愿，于公于私都没有裨益。

你还是在不快乐地工作着吗？

打开这本书，让它告诉你工作的意义是什么，帮你找到工作的动力，从而带领你感受工作的乐趣所在！